Esther Kleinhage

Abenteuer Via Francigena

6 Wochen auf dem Weg von Lausanne nach Rom

Bibliografische Information der Deutschen Nationalbibliothek: Die
Deutsche Nationalbibliothek verzeichnet diese Publikation in der
Deutschen Nationalbibliografie; detaillierte bibliografische Daten sind im
Internet über dnb.dnb.de abrufbar.

Herstellung und Verlag:
BoD – Books on Demand, Norderstedt

ISBN: 978-3-739242-53-8

Für Nelli und Jörg

...und meinen Schutzengel...

Auf ein Neues

Ende Juli 2012 stand ich mitten in Spanien, auf der Nordroute des Jakobsweges, vor einem Schild mit Kilometerangaben. Nach Rom zeigte es 1'820 km, nach Santiago de Compostela 456 km. Allerdings war ich zu diesem Zeitpunkt schon rund 1'500 km bis zu diesem Schild gelaufen und rechnete mir so flugs aus, dass ich von meinem Heimatort Lausanne aus schneller nach Rom gelaufen wäre als nach Santiago de Compostela. Es war für mich das erste Mal, dass mir vor Augen geführt wurde, dass es mehr als ein Pilgerziel gibt, dass sich Pilgerwege durch ganz Europa in alle Himmelsrichtungen ziehen. Intensiver dachte ich darüber damals erst einmal nicht nach; nach den Erfahrungen auf dem Jakobsweg glaubte ich, für einige Zeit genug gepilgert zu haben.

Doch nur neun Monate später ergibt sich erneut die Möglichkeit einer zweimonatigen Auszeit in meinem (Berufs-)Leben und der Drang, meine Pilgererfahrung zu erneuern, ist grösser als das abschreckende Wissen um die körperlichen Anstrengungen. Zwischenzeitlich habe ich Paulo Coelhos „Auf dem Jakobsweg" gelesen und verstehe mein neues Pilgerziel Rom als die logischste Fortsetzung meiner ersten Erfahrung auf europäischen Pilgerwegen.

Schon bei der Vorbereitung für diesen Weg wird klar, dass er wesentlich weniger kommerzialisiert sein wird als der Jakobsweg. Die Literatur über den Weg ist knapp.

In meinem Pilgerführer steht unter anderem, dass es ausreichend Herbergen gäbe und ein Zelt nicht nötig sei, auf Wikipedia hingegen wird das Zelt als unabdingbar aufgeführt. Mit Widersprüchen dieser Art kaufe ich meine Ausrüstung zusammen und bin, im Gegensatz zu meinen Jakobswegen, dieses Mal fast wie ein professioneller Wildnisbezwinger ausgestattet: ich habe ein Zelt im Rucksack, einen Schlafsack für bis zu -7° Celsius und eine dieser neumodischen, selbstaufblasbaren Isomatten. Dieses

Mal bleibe ich dank einer Investition in leichte und outdoor-technische Kleidung auch mit Wasserflasche und Essen und der kompletten Ausstattung unter 13 Kilogramm Rucksackgewicht.

Trainings-Tag 1: Lausanne – Vevey (26.8 km)
Entlang des Genfer Sees

Der Abschied von Zuhause fällt mir merkwürdigerweise wesentlicher schwerer als beim Jakobsweg. Dabei soll dieses Mal doch alles viel lockerer sein. Meine Fragen und Selbstzweifel sind auf dem Jakobsweg doch alle gelöst und ausgelebt worden, ich fühle mich doch wohl und zufrieden in meinem Leben und will doch nur den Freiheitskitzel einer langen Wanderung noch einmal spüren. Vorerst möchte ich sowieso nur den Schweizer Teil der Via Francigena gehen, dann für ein paar Tage zurückkommen und den italienischen Teil danach angehen. Warum also ist mir so schwer ums Herz als ich meinem Mann Auf Wiedersehen sage?

Ich gehe am frühen Morgen im strahlenden Sonnenschein los. Für Mitte April keine Selbstverständlichkeit in Lausanne! Nach einigen Hundert Metern am Genfer See angekommen, führt mich bereits das erste der vielen zuverlässigen Schilder nach links. Ich weiß nicht, ob die Via Francigena tatsächlich besser ausgeschildert sein kann als der Jakobsweg oder ob ich einfach über die vielen gepilgerten Kilometer gelernt habe, die Schilder nicht zu übersehen, zumindest verlaufe ich mich auf der Via Francigena in der Schweiz wesentlich weniger als auf dem Beginn meines Jakobsweges.

Der Weg am See entlang ist mir die ersten Kilometer mehr als geläufig. Unzählige Male bin ich dort in meinem Leben gejoggt, einen Pilger habe ich allerdings noch nie dort laufen sehen. Ähnlich geht es wohl dem älteren Herren, den ich flotten Schrittes überholte. Die etwas repetitiven und doch so geliebten Fragen werden wieder einmal über mir ausgeschüttet. „Wohin gehen Sie?", „Woher kommen Sie?", „Wie lange sind Sie unterwegs?", „Wie bezahlen Sie das?". Am ersten Tag der Pilgerschaft sind die Antworten noch recht unspektakulär, aber

„Rom" als Ziel meiner Wanderung nimmt er mir ganz sicher nicht ab.

Kurz nach dem kleinen Weinort Lutry muss ich dem See erstmals den Rücken zukehren und ein Stück an der Hauptstraße entlang laufen. Doch der kleine Ort Cully, den ich bald darauf erreiche, verzaubert mich wie üblich mit seinem verschlafenen Charme und lässt mich die Asphaltstrecke schnell vergessen. Die folgende Strecke am See entlang verläuft auf natürlichen und fast wilden Wegen und gefällt mir ausgesprochen gut. Doch nach ein paar Buchten ist der entspannte flache Teil der Tagesetappe vorbei. Durch den abgelegenen Bahnhof von Epesses klettere ich unzählige Stufen immer höher in die Weinberge. Für eine erste Tagesetappe und mit dem noch ungewohnten Gewicht des Rucksacks eine echte körperliche Herausforderung. Der weitere Verlauf durch die Weinberge wird zwar wieder flacher, aber die Sonne strahlt heiß auf meinen fast schattenlosen Weg und ich nutze jede der wenigen mit Weinranken halbschattig überdachten Rastmöglichkeiten. Die körperliche Müdigkeit hat mich schon eingeholt. Meine Schultern und Knie leiden am meisten, aber auch in meinem Kopf und in meine Gedanken hat sich eine erste Müdigkeit eingeschlichen. Gleichzeitig überwiegt die Freude an der Natur und der Bewegung. Die Ausblicke auf den strahlend blauen und in der Sonne glitzernden Genfer See unter mir sind eine Belohnung für die Seele.

In Bögen und hügelig durch die Weinberge geht es stetig auf Vevey zu. Die hässliche und so gar nicht ins Bild passende Zentrale von Nestlé ist von dort oben schon von weitem zu sehen. Nach dem hübschen und alten Weinbergsort Saint Saphorin mache ich erneut eine Pause und setze mich einfach wenige Meter oberhalb des Weges auf einen kleinen Abhang. Die Erfahrung vom Jakobsweg wiederholt sich: ich werde von einem schweizerdeutschen Paar, die Pilger sein könnten obwohl ich ihre

Rucksäcke als etwas zu klein empfinde, nicht bemerkt, obwohl sie in Steinwurfweite an mir vorbeilaufen.

Die Via Francigena führt mich von den Weinbergen auf die Hauptstraße hinunter und durch den Ort Corseaux nach Vevey. An der Nestlé Zentrale vorbei gehe ich Richtung See und erreiche die in meinem Buch als Pilgerherberge ausgeschriebene Riviera Lodge, die sich selbst allerdings „Vevey Hotel and Guesthouse" nennt. Die Rezeption öffnet erst eine halbe Stunde nach meiner Ankunft, aber ich erlaube mir, in der Empfangshalle Platz zu nehmen und meine Müsliriegel auszupacken. Als die junge Empfangsdame eintrifft, teilt sie mir mit, dass alle Betten belegt seien. Weder habe sie einen Platz in einem Schlafsaal noch ein Zimmer für mich übrig. Die Tatsache, dass das Etablissement auf einer Internet-Buchungsseite als „verfügbar" gekennzeichnet ist, interessiert sie nicht. Immerhin verweist sie mich an die Touristeninformation nur ein paar Meter entfernt.

Dort kann man mir so recht auch nicht weiterhelfen. Man verweist mich auf einen Campingplatz in 3.5 km Entfernung, von dem ich allerdings weiß, dass er noch nicht geöffnet hat. Dann verweist man mich auf einen Campingplatz einige Kilometer vor Vevey, was aber bedeuten würde, zurückzulaufen und die Kilometer an den nächsten Tag dazu zu addieren und die Vorstellung begeistert mich nicht wirklich. Als letzte Alternative schickt man mich zur Pension Bürgli, die die einzige günstige Unterkunft im Ort sei. Dort wird mir die Tür vom Sohn der Familie geöffnet, der nach seiner Mutter ruft und die mir dann mitteilt, dass sie für ein Einzelzimmer ohne Bad aber mit Frühstück 60 CHF verlange. Trotz Pilgerstolz entscheide ich mich gegen diese Pension, der Geruch und die ganze Atmosphäre sagen mir zu diesem Preis nicht zu – so steige ich in den Zug und bin in einer Viertelstunde wieder daheim und kann eine weitere Nacht bei meinem Mann verbringen.

Trainings-Tag 2: Vevey – Aigle (26.8 km)
Begegnung mit einem Vollzeit-Pilger

Stilecht ist es natürlich nicht, seinen Pilgertag mit einer Zugfahrt zu beginnen... Ich komme mir auch reichlich fehl am Platz vor in dem überfüllten Abteil, unter all den herausgeputzten Menschen, die ihren Arbeitstag beginnen.

In Vevey läuft die Via Francigena am See entlang, gemütlich und wenig anstrengend. Die Statue vom kleinen Charlie Chaplin kann ich nicht finden, dafür ist die überdimensional große Gabel, die hier als Hingucker für das örtliche Museum mitten im See steckt, nicht zu übersehen. Immer in Ufernähe erreiche ich Montreux. Mein Geruchssinn ist schon an diesem zweiten Tag wieder erwacht, was bei strahlendem Sonnenschein in einem blumengeschmückten Ort wie Montreux auch nicht verwundert. Die Statue von Freddie Mercury an der Promenade von Montreux kenne ich schon und finde sie auch problemlos wieder.

Kurz danach lasse ich mich für eine Pause nieder. Drei Damen mit Hund sprechen mich an und fragen, ob ich auf der Via Francigena unterwegs sei. Die ersten Menschen, die wissen, dass man von Lausanne nach Rom pilgern kann. Ich sei nicht die erste Pilgerin für diese Saison, sagen sie mir. Mir wird bewusst, dass es auf dem Jakobsweg vor allem die Begegnungen und Wiedersehen mit anderen Pilgern waren, die mich motivierten. Die Via Francigena scheint dafür eine denkbar unpassende Wahl, da nur ein Bruchteil der Pilgerzahlen vom Jakobsweg auf dieser Strecke unterwegs sind. Ich bin mit dem Wissen gestartet, tage- und vielleicht wochenlang alleine unterwegs zu sein. Doch während meiner Pause an der Promenade von Montreux meine ich, in dem jungen Mann mit grünem Rucksack, der an mir vorbeischlenderte, einen Rompilger zu erkennen. Vielleicht werde ich ihn später einholen.

Vorbei geht es am Schloss Chillon mit seinen Touristenströmen und Busparkplätzen und bis Villeneuve immer am See entlang. Ich liebe diese Strecke, weil mich Wasser seit jeher fasziniert – und weil ich weiß, dass ich nach Villeneuve „meinen" See verlassen werde.

Nach der kleinen Ortschaft Roche muss ich meine für später geplante zweite Pause vorziehen. Das Wetter ist für Mitte April unglaublich gut und ich bin an die warmen Temperaturen und die Sonne, die mir auf den schattenlosen Asphaltwegen trotz Kappe gnadenlos auf den Kopf scheint, nicht gewöhnt. Auf einer langen geraden Strecke parallel zu den Eisenbahngleisen breche ich unter einem kleinen Bäumchen, das ein wenig Schatten spendet, regelrecht zusammen. Ich bin froh, an eine Erste-Hilfe-Decke gedacht zu haben, die ich immer und überall ausbreiten und mich so auch im feuchten Gras einige Minuten lang ausstrecken kann.

Nur wenige Minuten weiter auf meinem Weg nach dieser Pause sehe ich einen Pilger am Wegrand pausieren, der nicht wie ich eine leichte Erste-Hilfe-Decke hat, sondern regelrecht auf einer Picknickdecke schläft. Ich schleiche vorsichtig um ihn herum, will ihn einerseits nicht wecken, will aber nicht meine erste wirkliche Begegnung mit einem Pilger verpassen. Da er tief zu schlafen scheint, ziehe ich weiter, werde aber nach wenigen Metern von ihm zurückgepfiffen. Wahrscheinlich hat er sehr wohl mitbekommen, dass jemand um ihn herum schleicht und wollte sich erst selbst ein Bild dieser Person machen bevor er sich in ein Gespräch verwickeln lässt. Er lädt mich ein, auf seiner Picknickdecke Platz zu nehmen und bietet mir einen Kaffee an.

„Hier? Mitten im Niemandsland?" Ich kann mir nicht vorstellen, wie er hier an einen Kaffee kommen will. Doch Dominique macht sich an seinem Rucksack zu schaffen und zieht einen echten italienischen Kaffeekocher, einen Gaskocher und eine Plastikdose mit Kaffeepulver aus der Unendlichkeit seines enormen Rucksacks. Während wir geduldig warten, dass die kleine Gasflamme aus dem Wasser im Kaffeekocher Kaffee produziert, erzählt mir Dominique von sich.

„Zuerst bin ich nach Santiago gelaufen, ich hatte damals berufliche und private Sorgen und der Jakobsweg war meine Rettung. Danach bin ich nach Rom gelaufen. Und dann hat Gott mir gesagt, dass dies meine Berufung sei und so bin ich Vollzeitpilger geworden."

Seit 16 Jahren ist Dominique auf den Pilgerwegen Europas unterwegs, mit derzeit 22 kg Gepäck auf dem Rücken. Er ist viermal in Santiago angekommen, fünfmal in Rom, ist den Olavsweg gepilgert und ist natürlich auch schon in Jerusalem gewesen.

Mittlerweile ist der Kaffee aufgebrüht. Ich habe keine Tasse im Gepäck, so dass mir Dominique anbietet, abwechselnd aus seiner ziemlich ramponierten Tasse zu trinken. Ein wenig Überwindung kostet es mich, mit diesem ziemlich zahnlosen Pilger, der für alle anderen wahrscheinlich nicht mehr als ein Landstreicher ist, eine Tasse zu teilen. Doch der Kaffee ist gut, stark und aromatisch. „Der Kaffee schmeckt so richtig gut, weil ich weder den Kocher noch die Tasse jemals spüle", erklärt Dominique mir stolz, während ich mich beinahe am Würgreiz verschlucke.

Einer Frage kann ich mich nicht erwehren: „Wovon lebst Du, als Vollzeitpilger?"

Dominique erzählt mir, dass er in vielen Herbergen kostenlos unterkomme, dass unter anderem der Priester in Saint-Maurice, wo ich am nächsten Tag eintreffen werde, ihn nicht nur kostenlos beherbergt und verpflegt hat, sondern ihm auch ein wenig Geld mit auf den Weg gegeben hat. Auch sonst würden die Leute ihn unterstützen, so sehr, dass er von seinem Überschuss ein Projekt in Serbien gegründet hat, wo er Straßenkindern hilft. Um seinen

Aussagen Glaubhaftigkeit zu verleihen, zieht er mehrere Zertifikate von Klöstern, eines in Österreich, aus seinem Rucksack, die mit Unterschrift und Stempel belegen, dass er als Vollzeitpilger „auf seinem Friedensweg" von der Kirche anerkannt sei und auch sein Hilfsprojekt wird dort lobend erwähnt. Wäre ich nicht selbst mit knappem Budget als Pilger unterwegs, ich würde ihm auch etwas gegeben.

Zum Abschluss unseres Treffen warnt er mich: „Selbst in der Türkei hatte ich weniger Bedenken und weniger schlechte Begegnungen als in Italien. Nimm Dich in Acht vor den Italienern, lass Dich niemals in ein Privathaus einladen". Nicht gerade was ich hören möchte, alleine unterwegs nach Italien – und wie gut für mich, dass ich seinen sicher gut gemeinten Ratschlag später mehrfach ignorieren werde!

Dominique ist auf dem Weg zu seinem kranken Vater nach Paris und so laufen wir nach dem Kaffee in verschiedene Richtungen weiter.

In meinem Tagesziel Aigle habe ich mir ein Hotelzimmer reserviert. Dominique hat mir bestätigt, dass ein Zelt für die Via Francigena nicht nötig sei, aber ich habe den festen Vorsatz, mit kleinerem Budget und mehr Freiheit als auf dem Jakobsweg unterwegs sein zu wollen und so oft wie möglich zu zelten. Nur nicht wenn wie für diese Nacht Dauerregen und Kälte vorausgesagt sind. In meinem Pilgerhotel werde ich sehr freundlich empfangen, entscheide mich aber trotzdem, mir zum Abendessen eine Alternative zum Hotel-Restaurant zu suchen und lande bei einem chinesischen Schnellimbiss. Bereits um 19Uhr30 bin ich zurück auf meinem Zimmer und müde genug, mich auch von den Gastarbeitern nicht weiter stören zu lassen, die in diesem Hotel untergebracht sind und im improvisierten Fernsehzimmer im Flur vor meinem Zimmer Bier trinkend ihre Zeit absitzen.

Es ist meine erste Nacht wieder alleine unterwegs. Ich hatte vergessen, wie lange einsame Abende sein können und wie schwer es fallen kann, sich mit sich selbst zufrieden geben zu müssen.

Trainings-Tag 3: Aigle – Saint-Maurice (19.6 km)
« Singing in the Rain »…

Der Tag soll mit rund 18 Kilometern eine kurze Etappe werden, doch ich habe die ungewohnte und ziemlich intensive Steigung direkt zu Anfang des Tages unterschätzt. Die Tatsache, dass ich den Tag im Regen beginnen muss und die Temperaturen empfindlich abgekühlt haben, hilft der Motivation nicht. Der natürliche Weg durch den Wald und in friedvoller Abgeschiedenheit statt auf Asphalt am See entlang hätte eine schöne Abwechslung sein können, doch kann ich ihn eingehüllt in Regenponcho und mit allen Schichten Kleidung, die mein Rucksack zu bieten hatte, nicht wirklich genießen. Ich muss schmunzelnd an Alfred, eine Begegnung vom Jakobsweg denken, ein Gutwetter-Pilger, der an diesem Tag keinen Fuß auf den Pilgerweg gesetzt hätte.

Nach dem Waldstück erreiche ich die Weinberge oberhalb der Rhone und finde kurz in einem verlassenen Häuschen Schutz vor dem Dauerregen. Doch verfolgt mich den ganzen Tag ein ungutes Gefühl, eine Ahnung von etwas Bösem und der Aufenthalt in diesem halb zerstörten Raum, in dem ein Holzofen, ein Tisch und zwei Stühle sowie eine Matratze darauf schließen lassen, dass dieses Gebäude weniger verlassen ist als es scheint, ist mir zu gespenstisch.

In einem Tross aus Weinbergschnecken, die bei diesem feuchten Wetter zu Hunderten auf dem Asphaltsträßchen kriechen, mache ich mich vorsichtig und auf Schneckenhäuschen achtend auf den rutschigen Abstieg nach Ollon.

Hinter Ollon, immer noch im strömenden Regen, verläuft die Via Francigena einige Zeit schnurgerade am Bach La Gryonne entlang. Ich sehe kilometerweit vor und hinter mir niemanden, der mich davon abhalten könnte, mir laut Motivation anzusingen. Auf meinen Jakobswegen habe ich französische Seemanns- und

Lagerfeuerlieder gelernt, die nun meinen Schritt beschwingen und mir gute Laune verschaffen.

So erreiche ich Massongex mit seiner Feriensiedlung, in die mich ein Schild mit der Aufschrift „Bar geöffnet" lockt. In einem indischen Restaurant serviert mir ein junger Mann griechisch-englischer Abstammung einen wärmenden Kaffee und erzählt mir, ich sei für diese Saison die erste Pilgerin, die sich in seine Bar verirre.

In meinem Tagesziel Saint-Maurice folge ich Dominiques Ratschlag und habe in der Abtei reserviert. Im Gegensatz zu Dominique (und im Gegensatz zu den Informationen in meinem Pilgerbuch) wird mir ein Festpreis für das Einzelzimmer genannt und für das Abendessen wird mir nahegelegt, mich im Ort selbst zu versorgen. Mein Einzelzimmer hat einen Heizkörper, der funktioniert und den ich bis zum Anschlag aufdrehe um meine Klamotten zu trocknen. Ich verlasse meinen warmen Unterschlupf nur für eine Pizza im Ort und bin wieder früh und etwas einsam zurück in meinem Bett.

Trainings-Tag 4: Saint-Maurice – Martigny (19,4 km)
Ein typischer April-Tag

Am frühen Morgen sehe ich aus dem Fenster meines kleinen Zimmers, dass über Nacht Schnee auf Augenhöhe auf den so nahe scheinenden Berggipfeln gefallen ist. In meinem Zimmer ist es dank des auf Hochtouren brummenden Heizkörpers angenehm warm und alle meine Klamotten und sogar die Schuhe sind getrocknet.

Zum Frühstück werde ich im Gebäude der Mönche erwartet. Der Père Hospitalier, ein gesetzter alter Mann, empfängt mich und führt mich schweigend durch einen langen Korridor in einen kleinen Speisesaal. Ich bin scheinbar der einzige Gast, der zum Frühstück erwartet wird. Das karge Frühstück steht bereits auf dem Tisch, an dem ich Platz nehme. Überrascht bin ich, als der Père Hospitalier sich mir gegenüber setzt und mir schweigend beim Essen zusieht. Eingeschüchtert starte ich ein paar Unterhaltungsversuche, frage ihn unter anderem nach Dominique, meinem Vollzeitpilger, aber ich habe nicht das Gefühl, dass er zum Reden gekommen ist. So beeile ich mich, mein Frühstück möglichst geräuschlos und anstandsvoll zu verputzen und bin froh, den Tisch bald verlassen zu können.

Draußen ist es kalt. Ich überlege sogar, meine Handschuhe anzuziehen, halte mir diese Möglichkeit aber als letzte Reserve gegen die Kälte offen. Wenigstens regnet es nicht mehr.

Kurz nach Saint-Maurice erreiche ich eine kleine Kapelle, die mich wieder einmal magisch anzieht. Als ich die knarzende große Eingangstür öffne, sehe ich eine kleine ältere Nonne, die am Altar beschäftigt ist und sich nun zu mir umdreht. Eine unentdeckte Besichtigung und schnelles Verschwinden ist ausgeschlossen, denn die Nonne kommt strahlend auf mich zu. Sie erzählt mir freundlich von der Geschichte der Kapelle und dass dies geschichtlich sehr wahrscheinlich der wahre Ort sei, an dem der

Heilige Märtyrer Maurice getötet worden sei. Sie zeigt auf einen Stein, der über unseren Köpfen angebracht ist, und erklärt, dass nach dem Glauben die Hinrichtung auf diesem Stein stattgefunden habe und einige Menschen eine besondere Kraft spüren, die aus diesem Stein strahle. Ich spüre nicht viel, aber doch mehr als ich bisher in den Kirchen und der Abtei auf der Via Francigena gespürt habe. Doch als sie zu ihrer nächsten Frage ansetzt, formt sich ein Kloss in meinem Hals: „Wenn es nicht zu persönlich ist, darf ich Sie fragen, warum Sie auf dieser Pilgerreise sind?" Ich zögere, denn meine vordergründigen, eher rationalen Motive scheinen mir keine ausreichende Begründung dieser aufrichtigen Frau gegenüber. „Ich glaube, ich habe auf dem Jakobsweg etwas gefunden, das ich nicht erwartet habe und ich bin auf der Suche nach diesem Gefühl." Trotz meiner überzeugten agnostischen Einstellung drückt diese spontane Antwort genau meine Empfindung aus.

Die Via Francigena verläuft auf einsamen Wegen durch Wälder, über reißende Waldbäche und durch eine bizarre Felsenlandschaft. Die Sonne kommt durch und es wird so warm, dass ich sogar meine Fleecejacke über dem Merinowollhemd ausziehe. Ich lasse mir bewusst Zeit. Die geplante Tagesetappe soll laut Buch nur 17 Kilometer lang sein und ich erlebe erneut, dass das Pilgern ohne Zeitdruck ein viel intensiverer Genuss ist. Wo immer es mir gefällt und ich einigermaßen trocken und geschützt sitzen kann, mache ich eine kurze Pause. Ich treffe eine Frau mit Hund, die mich spontan als Pilger erkennt und erzählt, dass sie jedes Jahr in die Bretagne für eine Pilgerschaft fährt und im Dorf Evionnaz sprechen mich zwei Frauen auf meine Wanderung an.

Am frühen Nachmittag erreiche ich Martigny, wo ich nun endlich campen möchte. Für die Nacht ist ausnahmsweise einmal kein Regen gemeldet. Doch an der Rezeption des Campingplatzes bietet man mir für einen günstigeren Preis als den Zeltplatz ein Bett in einem Schlafsaal an, in dem ich eventuell sogar alleine wäre. Natürlich kann ich dem Angebot für mehr Komfort für einen günstigeren Preis nicht widerstehen. Es gibt zwei Schlafsäle, in meinem stehen 3 Etagenbetten und außer mir ist tatsächlich niemand dort. So dusche ich und ziehe ins Städtchen. Mein Budget überziehend entscheide ich mich, die vielen freien Stunden bis zum Abend mit einem Besuch im Bernhardiner-Museum zu überbrücken. Das Museum finde ich ganz interessant, dass ich die Haltung der Bernhardiner auf Betonböden aber mit meinem Eintrittsgeld unterstütze, macht mich traurig. Sehr früh stehe ich im Ortskern von Martigny und warte in einer Pizzeria darauf, dass sie den Ofen anfeuern und mir die erste Pizza des Tages zubereiten. Ich habe mittlerweile gelernt, alleine meine Pizza zu essen, aber Spaß macht es mir trotzdem nicht.

So sehr ich auch versuche, meine Aktivitäten in die Länge zu ziehen, bin ich doch am frühen Abend zurück in meinem Schlafsaal mit nichts anderem mehr zu tun als ein wenig zu lesen und dann früh zu schlafen. Allerdings ist in meinem Schlafsaal zwischenzeitlich ein weiteres Bett belegt, ohne dass jedoch die zugehörige Person zu sehen ist. Lediglich eine Broschüre auf dem Bett fällt mir ins Auge, die mit „Kontaktadressen für Migranten" betitelt ist. Im zweiten Schlafsaal debattieren Männer in einer mir unbekannten Sprache und nach der ersten Begegnung im Flur, in der sie sich mir sehr machohaft aufdrängen, vermeide ich jeden weiteren Kontakt mit ihnen.

Gegen 20Uhr30 rolle ich mich in meinen Schlafsack ein. Die zweite Person in meinem Schlafsaal habe ich noch immer nicht kennengelernt. Doch kaum sind mir die Augen zugefallen, gehen die Aktivitäten um mich herum los. Eine sympathische Frau um die Dreißig betritt das Zimmer, entschuldigt sich bei mir für die Störung, sucht Kochgeschirr zusammen und lädt mich ein, ihre portugiesische Suppe mit ihr zu teilen. Ich lehne dankend ab, ich habe ja schon gegessen und möchte eigentlich gerne schlafen. Hinter ihr taucht ein Mann auf, der schwankend im Türrahmen steht. Er ist so betrunken, dass er kaum alleine stehen geschweige denn laufen kann und auf die leisen Beschwichtigungen der Frau nicht reagiert. Zwar verstehe ich ihre Sprache nicht, aber ich nehme an, dass ihnen ein Bett im „Frauenschlafsaal" und ein Bett im „Männerschlafsaal" zugewiesen wurden, aber der Mann besteht darauf, sich in einem Bett in meinem Schlafsaal einzunisten und die Frau kann ihn nicht davon abhalten. Die Szene dehnt sich aus. Nachdem er sich ächzend ins Bett verfrachtet hat, versucht die Frau wohl, ihn zum Essen zu bewegen, aber er ist zu nicht mehr als lautem Grunzen und Beschimpfungen in der Lage. Irgendwann ist Ruhe eingekehrt, der Mann schnarcht leise brummend in seinem Bett, die Frau liegt im dritten Bett und das Licht ist endlich gelöscht. Mitten in der Nacht werde ich trotz meiner Ohrstöpsel wieder geweckt, als der Mann wohl der Meinung ist, die Frau müsse jetzt mit ihm vor die Tür und eine Zigarette rauchen. Sie bleibt trotz seiner lauten und wiederholten Aufforderungen im Bett und als er nach einigen Minuten wiederkommt, stinkt er nicht nur nach Alkohol und altem Fett sondern auch noch nach Zigarette. Mehrmals bereue ich in dieser Nacht, nicht mein Zelt aufgebaut zu haben. Selbst als sich die Gesellschaft am frühen Morgen noch vor mir aus dem Schlafsaal stiehlt, ist dieser Mann noch so betrunken, dass er nicht alleine seine Schuhe anziehen kann.

Trainings-Tag 5: Martigny – Orsières (20 km)
Das Ende der Trainingswoche

Die Wettervorhersage ist eher demotivierend, mit Wolken und Regen. Doch der Tag ist kilometermässig kurz, so dass ich jede Gelegenheit nutze, mich im Inneren von Kirchen kurz aufzuwärmen oder vor einsetzendem Regen zu schützen. Am Ortsende von Martigny stehe ich vor einer Kirche, die mit einem französischen Wort gekennzeichnet ist, das ich noch nicht kenne. So möchte ich wenigstens einen Blick hineinwerfen und finde mich in einer Aufbahrungskapelle wieder, in der glücklicherweise niemand aufgebahrt ist! So etwas habe ich noch nie gesehen.

Unmittelbar nach Martigny wird der Weg anstrengend, schmale Pfade, steile Auf- und Abstiege, schwindelnde Holzbrücken und Gitterstege über Felsspalten, aber wunderschön und einsam. Bereits nach lediglich 5,5 Kilometern mache ich die erste Pause, im Felsenmeer über Bovinier, wo mir die Schönheit der Landschaft und das Glück, das ich empfinde, diese erleben zu können, Tränen in die Augen treiben. Ich sitze auf großen Steinplatten mit weitem Blick über das Tal auf die Berge. Das Wetter ist umgeschlagen und die Sonne strahlt mit frühlingshafter Wärme.

Kurz nach der Pause begegne ich einem älteren, kleinen Mann, der mir bereitwillig erzählt, dass er auch schon Rompilger gewesen sei, er sei vom Großen Sankt Bernard Pass gestartet. Er gibt mir Tipps für die Tagesetappe und bereitet mich auf die Lawinenabgänge vor, die mich auf dem Weg nach Orsières erwarten. Auch Dominique, der Vollzeitpilger, hatte mir von Lawinen erzählt, über die ich klettern müsste, aber beide Männer versichern mir mit fachmännischen Blicken auf meine Schuhe und Ausrüstung, dass ich die Strecke ohne weiteres meistern kann. Beim Verabschieden zeigt er mit seiner Hand, an der jedem Finger die letzten zwei Glieder fehlen, den Weg entlang und meint: „Ach übrigens, um die Ecke liegt eine tote Ziege", als ob dies das normalste auf der Welt sei. Als ich tatsächlich nach der nächsten Wegbiegung über die halb zerfleischte Ziege mitten auf dem Weg steigen muss, dreht sich mir fast der Magen um.

Wie ein Lawinenabgang aussieht, lerne ich kurz nach Bovernier. Ich stehe vor einer mannshohen Mauer aus Schnee- und Eisblöcken, die mir den Weg versperrt. Niemals im Leben würde ich auf die Idee kommen, darüber zu klettern, hätte man mir nicht ausdrücklich gesagt, dass es möglich und sogar einfach sei. Das Erklimmen dieser Schneewand wäre für mich auch ohne Rucksack eine körperliche Herausforderung. Doch ich stehe bald auf dieser Schicht aus Schnee- und Eisblöcken, die sich über etwa 150 Meter Länge erstreckt und über die ich mir vorsichtig und zitternd einen Weg bahne. Ich empfinde diese Unternehmung als waghalsig und gefährlich und sehe mich bereits mit zwischen Eisblöcken eingequetschtem Knöchel auf Hilfe wartend. Bei dem Blick nach oben, als ich mitten auf dem Lawinenabgang stehe und mir vorstelle, was passieren könnte, wenn ein Ungleichgewicht in diese Eisblöcke käme und alles in Rutschen geriete, verwandeln sich meine Bedenken in todesnahe Panik. Das Abenteuer ist noch nicht vorbei als ich das andere Ende dieses Abgangs erreiche, denn ich finde den Weg nicht mehr und weiß erst nach mehreren Versuchen, wo ich von der Schneewand absteigen kann.

Die Via Francigena geht abenteuerlich weiter, durch einen mit moosbesetzten Steinen und dunklen Bäumen fast märchenhaft wirkenden Wald. Auf dem schmalen Weg kraxele ich in unzähligen und unüberschaubaren Windungen nach oben und unten. Bis ich vor dem nächsten Lawinenabgang stehe. Zwar haben mir beide Männer von mehr als einem Abgang erzählt, aber in meiner Aufregung bei der ersten Erfahrung muss ich wohl verdrängt haben, dass da noch mindestens eine weitere auf mich wartete. Ich habe keine Wahl, entweder ich muss nun über die zweite Lawine klettern oder zurück über die erste. Obwohl ich links auf der anderen Seite des Baches „La Drance" die viel befahrene Pass-Straße sehe, gab es zwischen der ersten und der zweiten Lawine keine Möglichkeit, auf diese Seite zu wechseln. So klettere ich auch über den zweiten Lawinenabgang und die Erinnerung an die Panik vom ersten mal macht es nicht einfacher. Beim Abstieg rutsche ich aus und lande mit der vollen rechten Seite auf dem Matsch aus Schnee, Eis und Dreck. Das Aufstehen mit dem Rucksack und ohne dabei mit den Füssen oder Wanderstöcken in Spalten hängen zu bleiben, ist anstrengend und ich bin bedient.

Wie in meinem Pilgerbuch erwähnt, gibt es auf halber Strecke nach Orsières eine Brücke, die meine Fluss-Seite mit der Pass-Straße verbindet. Doch ich habe ja nach meinem Glauben nun beide Lawinenabgänge überwunden und es gibt keinen Grund, nun auf die Pass-Straße auszuweichen. Nur wenige Minuten Fußmarsch weiter stehe ich erst vor einem toten Fuchs mitten auf dem Pilgerpfad, der aussieht, als sei er einfach dort tot umgefallen, er scheint weder verletzt noch abgemagert. Und unmittelbar darauf stehe ich vor einer weiteren Lawine, die allerdings weniger aus Schnee und Eis als vielmehr aus Matsch besteht. Ich habe genug an Hinweisen auf den Tod gesehen und ausreichend Abenteuer auf den ersten zwei Lawinenabgängen geschnuppert und entscheide, zurück zur Brücke zu gehen und auf die Pass-Straße zu wechseln.

Die Pass-Strecke jedoch ist ebenfalls ein waghalsiges Unterfangen, denn es gibt keinen Gehweg und meist nicht einmal genug Platz hinter der Leitplanke, so dass ich mit dem Rücken zum Verkehr ständig darauf gefasst bin, von einem LKW oder Wohnwagen mitgerissen zu werden. Erst versuche ich einige Minuten, mich als Anhalter nach Orsières mitnehmen zu lassen. So etwas habe ich noch nie in meinem Leben versucht. Vielleicht fehlt mir die Erfahrung, vielleicht stehe ich an der falschen Stelle, wahrscheinlich liegt es einfach daran, dass ich durch die Rutschpartie auf der zweiten Lawine von oben bis unten mit Matsch verklebt bin, jedenfalls ist mir sehr schnell klar, dass mich niemand mitnehmen wird.

Nach etwa einer halben Stunde todesmutigem Marsch entlang der Hauptverkehrsstraße nutze ich dankbar die Gelegenheit, über eine Wiese zurück auf die Via Francigena zu gelangen. Ich erreiche Sembrancher und habe noch etwa anderthalb Stunden Wanderung bergauf nach Orsières vor mir. Ich genieße den ruhigen Weg über offene Weidefläche, mit der Sonne über mir und lasse die dunklen Vorahnungen, die sich mir während der letzten Kilometer aufgedrängt haben, zur Ruhe kommen.

In Orsières angekommen erkundige ich mich bei der freundlichen Bahnhofsangestellten, die auch das Touristenbüro vertritt, nach den Wettervorhersagen für den nächsten Tag und ob ein weiterer Aufstieg Richtung Pass möglich sei. Gerne würde ich am nächsten Tag noch wenigstens bis Bourg-Saint-Pierre, der letzten Station vor dem Großen Sankt-Bernard-Pass gehen. Dass ich Ende April nicht über den Pass würde laufen können, ist mir von Anfang an klar gewesen. Doch die junge Frau rät mir nach Beratschlagung mit ihren Kollegen aus den Touristeninformationen der umliegenden Bergdörfer davon ab, weiter aufzusteigen. Das Wetter sei zu unberechenbar, um Pilger ohne entsprechende Bergkenntnis guten Gewissens laufen zu lassen.

Die Passüberquerung würde ich mir für den Sommer aufheben – und noch ahne ich nicht, welch sympathische Begleitung ich bis dahin für den langen Aufstieg gefunden haben werde.

Fürs erste beende ich meine Trainingswoche einen Tag früher als geplant. Aus privaten Gründen habe ich von Anfang vorgesehen, für ein paar Tage wieder nach Hause zu fahren und das Abenteuer Via Francigena eine Woche später auf der italienischen Seite fortzusetzen.

Tag 1: Saint-Oyen – Aosta (23 km)
Aller (Neu-)Anfang ist schwer

Ich werde mit Zug und Bus auf die italienische Seite des Großen Sankt-Bernard-Passes fahren. Da mein Zug um 7 Uhr morgens geht, ist der Abschied von meinem Mann kurz und stressig, traurig. Wir können beide sicher nicht realisieren, was ein Abschied für sechs bis sieben Wochen bedeutet.

Im Bus ab Martigny geht es entlang der Pass-Straße, auf der ich vor etwas mehr als einer Woche gestrandet war. Ich sehe die Lawinenabgänge durch die Bäume und kurz bevor der Bus im Passtunnel verschwindet, überholen wir einen Pilger, der tapfer entlang der Pass-Straße mindestens bis Bourg-Saint-Pierre läuft. Entlang der Straße und vor allem entlang der Via Francigena liegen noch große Schneebretter. Ich bin froh, auf der Südseite des Passes zu starten, wo die Sonne hoffentlich schon mehr Frühling gebracht hat.

Kurz nach dem Tunnel hält der Bus an, der Fahrer ruft „Saint-Oyen" und ich werde regelrecht aus dem Bus geworfen. Im Nieselregen stehe ich als einziger Passagier recht verloren am schmalen Gehsteig und sehe auf der gegenüberliegenden Seite das Rathaus. Ich möchte meine Pilgerschaft mit einem Stempel in meinem Pilgerpass beginnen und wende mich entschlossen an diese öffentliche Einrichtung. Einen Stempel gibt man mir gerne, lässt mich die Toilette benutzen und bietet mir sogar einen wärmenden Kaffee an; wo aber die Via Francigena durch den Ort geht, kann man mir nicht sagen.

Doch erfahren finde ich den Weg recht schnell und ziehe im dauernden kühlen Nieselregen los. Der Wegverlauf gefällt mir gut. Es geht weitgehend auf natürlichen Wegen über Wiesen und durch Wälder, und alle paar Kilometer erreiche ich sympathische kleine Ortschaften wie Etroubles, die ich größtenteils durch Autofahrten nach Italien schon vom Namen kenne.

Allerdings geht es den ganzen Tag bergab, was mir ziemlich auf die Knie schlägt. Der manchmal starke und selten abschwächende Dauerregen und der Nebel mit seiner kühlen Feuchtigkeit verschlechtern meine Stimmung. Die Ausblicke auf das berühmte Aostatal sind wolkenverhangen und trübe. Der Tiefpunkt des Tages kommt, als ich an einem halb abgenagten Skelett eines Rehs am Wegrand vorbei gehen muss.

Ich bin froh, als ich am Nachmittag endlich Aosta erreiche, wo ich übernachten möchte. Laut meinem Pilgerbuch soll es zwei Parrocchia, also Kirchengemeinden geben, die Pilger aufnehmen. Einerseits aus Budgetgründen aber auch weil ich die Spiritualität meiner Jakobswege nochmals erleben möchte, entscheide ich mich für diese Art von Herbergen. Doch ich kann keine der beiden Adressen aus meinem Pilgerbuch finden und lande schließlich in der Touristeninformation. Dort teilt man mir mit, dass eine diese Kirchengemeinden keine Pilger mehr aufnimmt und die andere bereits voll sei und man gibt mir die Adresse einer dritten Parrocchia, in der nur Frauen unterkämen. Dort allerdings macht man mir auch nach mehreren Klopf- und Rufversuchen die Tür nicht auf.

Ich laufe ungefähr eine Stunde lang durch Aosta, was so groß eigentlich nicht ist. An der ersten Bed&Breakfast Adresse der Touristeninformation macht niemand auf, die zweite Adresse hat ihre Aktivitäten eingestellt und als ich endlich mehr zufällig als geplant vor dem Hotel „La Belle Epoque" stehe, bin ich auch für den für mein Budget untragbaren Preis von 32 Euro für ein Einzelzimmer bereit, dort endlich meinen Tag zu beenden. Auch ein Abendessen in Aosta ist nur außerhalb meines sowieso schon überzogenen Budgets zu bekommen. So kann auch der abendliche Spaziergang, nachdem der Regen endlich kurz aussetzt, meine negative Meinung zu diesem Städtchen nicht mehr revidieren.

Für den nächsten Tag habe ich bei der in meinem Buch erwähnten Bed&Breakfast Adresse ein Zimmer reserviert. Es kann also nur besser werden!

Tag 2: Aosta – Chambave (27 km)
„Es könnte so schön sein"

Es regnet. Der Weg aus Aosta heraus geht vorbei an einer Art Triumphbogen und über eine alte Römerbrücke. Kurz nach Aosta muss ich ein Stück in die Weinberge hinauf, wieder könnte der Blick von dort oben ins Aostatal wunderschön sein, doch auch an diesem Tag ist nur wolkenverhangenes Grau zu sehen.

Rund 20 km gehe ich im Nieselregen, bis zum Castello di Quart, einer Burg aus dem Jahr 1185, die einsam mitten im Wald auf mich wartet. An gemütliche Pausen am Wegrand ist nicht zu denken und so habe ich vor, mir in der Burg ein trockenes, wenn auch sicher nicht warmes Plätzchen zu suchen und wenigstens ein wenig die Beine auszustrecken und die Füße auszuruhen. Doch die Burg ist umrundet mit Bauarbeiterzäunen, Schilder verbieten den Zutritt. Ich würde trotzdem durch eine Öffnung hineinschlüpfen, würde ich mir nicht einbilden, aus der Burg Stimmen der Bauarbeiter zu hören. Erwischen lassen möchte ich mich bei einer Regelübertretung nicht.

Kurz nach der Burg finde ich im knapp überdachten Eingang eines verfallenen Hauses wenigstens ein bisschen Schutz, auch wenn ich mich an die vermoderte Eingangstür gedrückt und trotzdem von unten und der Seite der kühlen Feuchtigkeit ausgesetzt nicht wirklich wohl fühle in dieser Pause. Ich bin schlechter Laune, der Regen drückt auf meine Stimmung, die Einsamkeit und die nicht vorhandene Infrastruktur auf diesem Pilgerweg sind nicht das, was ich mir erwartet hatte.

Der weitere Weg geht teilweise wild und schön auf Naturpfaden auf schmalen Wegen durch die grünen Wälder. Auch die Abschnitte durch die Ortschaften und auf Asphaltstraßen sind durch die Ausblicke auf die wilden Felsformationen und auf Brücken über reißende Bäche abwechslungsreich und interessant. Doch selbst die blühenden

Obstgärten können mich nicht aufheitern, da sie hinter dem dumpfen Vorhang aus Regen und Nebel ihre Schönheit kaum preisgeben können.

Für den Abend habe ich in einem Bed&Breakfast in Chambave reserviert. Der Ort bietet wenigstens einen kleinen Supermarkt und ein Restaurant. Als ich in meinem B&B feststelle, dass ich wieder einmal der einzige Gast bin und mir ein ganzes Apartment zur Verfügung steht, kann ich der Versuchung nicht widerstehen, mir mein Abendessen in der Küche selbst zuzubereiten, um mich nicht von der Wärme dieser schnuckeligen Wohnung trennen zu müssen – obwohl ausdrücklich vermerkt ist, dass ich nicht kochen sondern nur die Mikrowelle benutzen darf. Leider haben die Gastgeber auch den Stöpsel der Badewanne entfernt, die mich sonst magisch für ein wärmendes Bad angezogen hätte. Ich bin sonst nicht der opportunistische Mensch, der alle Möglichkeiten bis zum letzten auskosten muss, aber nach einem Tag unter Regen und in Kälte würde ich meine anständige Zurückhaltung glatt vergessen.

Tag 3: Chambave – Verrès (30 km)
Noch immer Regen

Meine Schuhe sind nicht getrocknet über Nacht, meine Klamotten sind klamm, der Himmel noch immer grau, die Wolken hängen noch immer tief.

Der Weg wäre wunderschön, durch tiefgrüne Wälder, auf Holzbrücken über reißende Waldbäche, mit Blick auf eine Burg an wilden Felsformationen entlang. Doch im Nieselregen und mit bedrohlichem Donner in der Ferne ist all dies nur halb so naturromantisch; vielmehr habe ich auf Brücken Angst auszurutschen, im Wald läuft mir das Wasser in die Schuhe und pausieren kann ich auch nirgendwo gemütlich. Der einzige Unterstand sind die Häuser eines verlassenen Dorfes auf einer Bergwiese. Unbedarft betrete ich das erste Haus und gehe innerhalb weniger Sekunden wieder rückwärts hinaus und schnell weiter meines Weges. Nicht nur dass das Haus in desolatem Zustand ist und aussieht, als falle die Decke jeden Moment herunter, im einzigen großen Raum ist ein Matratzenlager ausgebreitet, Kleidungsstücke liegen herum und es riecht als ob sich dort unmittelbar jemand aufgehalten hätte. Ich habe Angst bekommen.

Dazu verlaufe ich mich um den Ort Montjovet-Berriaz herum mehrmals, mit viel Zeitverlust und Extra-Kilometern.

Das erste mal stehe ich allein und verlassen rund 2 Kilometer nach Montjovet-Berriez auf der kurvigen, ansteigenden Asphaltstraße und bin mir überhaupt nicht sicher, ob ich noch in der richtigen Richtung unterwegs bin. Im Ort unter mir sehe ich ein Auto aus einer Einfahrt fahren und wünsche mir, es würde den Berg hoch fahren, damit ich es anhalten und fragen kann. Der Fahrer zögert ein wenig, scheint erst nach rechts abbiegen zu wollen, um dann doch nach links in meine Richtung zu kommen. Er hält auch ohne große Zeichen meinerseits neben mir an, ein junger, hübscher, freundlicher Italiener bestätigt mir strahlend, dass ich auf dem richtigen Weg sei. Danach dreht er seinen Wagen und fährt den Berg wieder hinunter, in die Richtung, in die er ursprünglich hatte abbiegen wollen. Er muss mich von dort unten im Berg stehen gesehen und sich entschlossen haben, mir zu helfen.

Laut meinem Pilgerführer soll ich zwischen den Haus Nummern 8 und 18 in diesem Ort hinauf laufen, doch ich bin schon fast aus dem Ort herausgegangen und habe die Hausnummern 8 und 18 nicht gesehen. Also gehe ich zurück, finde sie endlich, quetsche mich in einen schmale und privat scheinenden Weg zwischen den Häusern hindurch um wenige Minuten später wieder genau auf der Straße zu landen, die ich vorher verlassen habe.

Damit nicht genug: Im Wald soll ich „an einem großen Felsen" nach rechts den Forstweg verlassen. Bisher ist die Via Francigena entgegen aller Befürchtungen überraschend gut ausgeschildert, so bin ich nicht darauf vorbereitet, von jetzt auf gleich ohne Anhaltspunkte meinen Weg finden zu müssen. Ich laufe den Forstweg wie es mir scheint Stunden entlang, bis ich auf ein Ehepaar mit Hund stoße. Die wissen zwar nicht, dass sie hier auf oder sehr nahe an der Via Francigena gehen, geben mir aber unzählige Tipps, wie ich den nächsten Ort meines Pilgerführers, Torilet, erreichen kann. Keiner dieser Tipps kann mich vollends überzeugen. Immerhin bestätigen sie, dass wenige Minuten weiter ein ungewöhnlich großer Felsstein am Wegrand stehe. Endlich erreiche ich diesen, finde ihn allerdings mit einem gelben Pfeil nach geradeaus gekennzeichnet und kann nicht wirklich den „Waldpfad" ausmachen, auf dem ich nach dem Felsen nach rechts weiterlaufen soll. So gehe ich geradeaus weiter und erreiche schließlich ein Forsthaus, das in meinem Buch nicht erwähnt ist und mich vermuten lässt, dass ich zu weit gegangen bin. Ich bin wütend auf die Beschilderung, den Weg, das Wetter, mein Pilgerbuch, die Wanderer und habe schon fast genug von diesem Pilgerunterfangen, das an diesem dritten Tag schon mehr von mir abzuverlangen scheint, als die über zweitausend Kilometer Jakobsweg.

Zurück am Felsen entscheide ich mich also den schmalen Pfad zu versuchen, kraxele im Wald herum und komme schließlich auf einer Wiese heraus, auf der wie selbstverständlich ein Schild „Via Francigena" mich auf der anderen Seite wieder den Berg hinunter schickt. Ich gehe in vom Regenwasser geformten Bächen, die auf meinem Weg den Berg hinunter laufen und mir dabei ständig in die Schuhe.

Für den Abend habe ich in einem Ostello reserviert, das mit einem günstigen Rundum-Angebot mein überzogenes Budget der letzten Tage wieder ausgleichen soll. Dafür nehme ich auch in Kauf, rund 800 Meter von der offiziellen Via Francigena abzukommen. Ich finde das Ostello nur dank hilfsbereiter Anwohner und stehe schließlich vor einem abgeschlossenen Gitter mit Klingel. Nachdem ich geklingelt habe, summt der Türöffner, ich kann durch das Gittertor gehen, das hinter mir zufällt und nicht mehr zu öffnen ist. Ich bin in meinem Ostello eingesperrt! Ich versuche mich damit zu beruhigen, dass somit immerhin auch niemand die Schlafräume betreten kann, der nicht dazu berechtigt ist. Das erweist sich spätestens dann als beruhigende Tatsache, als ich feststellen muss, dass ich wieder der einzige Gast in dieser Herberge für rund 40 Gäste bin. Die freundliche junge Besitzerin führt mich in einen Schlafsaal für acht, den ich alleine belege und kocht am Abend ein volles vegetarisches Menü nur für mich.

Tag 4: Verrès – Pont-Saint-Martin (23 km)
Sonnige Momente

Zum ersten mal seit dem Beginn meiner Pilgerschaft in Italien scheint am Morgen die Sonne leicht durch die Wolkendecke. Meine Stimmung steigt unwillkürlich merklich an. Ich habe auf einer Landkarte gesehen, dass ich nicht den Weg vom Vortag zurücklaufen muss, um wieder auf die Via Francigena zu stoßen, sondern einfach entlang des Flusses weitergehen kann. Als ich über die alte Steinbrücke auf Höhe Barmes gehe, werde ich melancholisch an die Brücke auf dem französischen Jakobsweg erinnert, die 1`000 Kilometer vor Santiago die Hälfte meiner Pilgerschaft markiert hatte.

Nach rund 9 Kilometern mache ich die erste richtige Pause in Italien. Die Sonne scheint so warm, dass ich meine Jacke und sogar meine Wanderschuhe ausziehen kann und im T-Shirt an die Außenwand einer kleinen Kapelle angelehnt die Pilgerschaft endlich genießen kann. Zwar ist dieser Platz unmittelbar neben der Autobahn, aber mir geht es gefühlsmäßig schlagartig so gut, dass ich mich selbst von den vorbeirauschenden Autos nicht stören lasse.

Im Ort Arnad angekommen, muss ich eine Hauptstraße überqueren. Mir gegenüber will ein Auto links abbiegen. Die Dame hält dann aber am Straßenrand an, wartet bis ich auf ihrer Höhe bin und wünscht mir Gute Reise. Aus Momenten wie diesem zehre ich enorme Kraft, vor allem weil ich seit vier Tagen ohne eine einzige Pilgerbegegnung unterwegs bin und die einstmals so gesuchte Einsamkeit an meinen Nerven zu zehren beginnt.

Kurz vor dem Ort Hône weist mich mein Pilgerbuch darauf hin, dass ich mir einen enormen Aufstieg ersparen kann, wenn ich nicht der Beschilderung der Via Francigena folge, sondern direkt in den Ortskern gehe. Der Tag soll mit 23 km angenehm kurz werden und ich möchte keinen Kilometer dieses Abenteuers überspringen. Zwar bereue ich beim kraxeligen Aufstieg auf rutschigen und matschigen schmalen Pfaden mehrfach die Entscheidung, aber als ich auf dem Plateau mit Blick auf die beeindruckende Burg ankomme, war jede Anstrengung die Mühe wert!

Der Ort Hône und auch Bard nur kurz danach gefallen mir mit ihren engen Gassen und der altertümlichen Stimmung gut, im Gegensatz zu dem folgenden Ort Donnas, der so großartig in meinem Pilgerführer angekündigt war. Zwischen Bard und Donnas zeigt mir die Via Francigena wieder einmal ihre abenteuerliche Seite. Die Straße ist mit Gittern und Warnschildern abgesperrt, es wird vor Steinschlag gewarnt und auch mit unzureichenden Italienischkenntnissen sind die roten Kreise um die Fußgänger auf den Schildern klar. Gleichzeitig zeigt ein Schild „Via Francigena" genau diesen Weg entlang und eine Alternative ist nicht gegeben. Ich steige also um die Absperrung herum, gehe beherzt die Asphaltstraße hinunter, immer wieder mit besorgten Blicken auf die Felsen über mir, steige nach der Kurve die Asphaltstraße wieder hinauf und klettere unter der Absperrung auf der anderen Seite durch.

Kurz nach Donnas versuche ich auf einer Steinmauer an einem Fluss eine weitere Pause, beeile mich aber bald weiterzukommen, da ich Donner in der Ferne grollen höre und nicht in ein Gewitter kommen möchte.

Mein Tagesziel Pont-Saint-Martin erreiche ich trockenen Fußes. Ich habe in einem laut meinem Pilgerführer empfohlenen Hotel reserviert und bin etwas enttäuscht, dass es doch ziemlich außerhalb des netten Ortes liegt. Zum Abendessen habe ich keine Ausdauer mehr, zurück in den Ort zu gehen und versorge mich mit einer Pizza in einer nahegelegenen Eckkneipe am Bahnhof. Hier habe ich das Bedürfnis, „rein Interesse-halber" zu schauen, wie ich per Zug zurück nach Hause komme. Die Tatsache, dass es relativ schnell und mehrmals am Tag möglich ist, beruhigt mich einerseits; die Verlockung hingegen ist in diesem Moment und auch später immer wieder überwältigend.

Tag 5: Pont-Saint-Martin – Ivrea (24 km)
Alles wird gut

Zum Frühstück in meinem kleinen Hotel bricht draußen ein Gewitter mit Hagel los, kleine Eisbomben sammeln sich auf der Terrasse vor dem Frühstücksraum. Meine nette Hotelbesitzerin bietet spontan ihrer Nachbarin an, sie per Auto zur Arbeit im Ort zu bringen. Sie bittet mich vertrauensvoll, in der Zwischenzeit ihr Hotel zu beaufsichtigen. Ich könnte einfach ohne zu zahlen verschwinden, woran ich aber trotz überzogenem Budget nie wirklich denke. Später erzählt mir die Dame, dass ihre Nachbarin, die ich zwischen dreißig und fünfunddreißig Jahre schätze, als Anwältin in Pont-Saint-Martin arbeitet, aber trotzdem so wenig verdient, dass sie sich kein eigenes Auto leisten kann.

Während ich also alleine mit meinem Milchkaffee und dem Stück Gebäck hinter dem großen Fenster sitze und mir das elendige Wetter draußen nicht nur die Laune verdirbt, sondern mir regelrecht Angst vor dem Tag macht, bin ich kurz davor einfach aufzugeben. Die alte Weisheit: „Nach jedem Sturm kommt die Sonne wieder raus", die eine Freundin umformuliert hat in: „Manchmal muss es schlimmer werden, bevor es besser werden kann" wird sich im Laufe des Tages bewahrheiten, was ich aber noch nicht ahnen kann als ich mich gegen halb zehn endlich im ausklingenden Regen vor die Tür traue.

Die Hotelbesitzerin hat mir eine Abkürzung der Via Francigena beschrieben, für die ich nicht mehr zurück ins Dorf muss um von dort auf einer anderen Strecke wieder Richtung Hotel zurückzulaufen. Die Abkürzung finde ich trotz mehrfacher sehr zeichensprachlich übertragener Erklärung (auf Italienisch) nicht, folge dafür den Straßenschildern Richtung Torre Daniele, wo ich wieder auf die offizielle Wegführung der Via Francigena stoße. Es ist vielleicht besser, an diesem Tag entlang der Hauptstraße zu gehen, statt der offiziellen Wegbeschreibung über Graswege zu folgen, die nach dem Gewitter und dem Regen der letzten Tage sicher total übernässt sind. Nachdem ich die Wegweiser der Via Francigena wiedergefunden habe, komme ich um die Matschwege allerdings nicht herum. Ich sehe Pferde auf total vermatschten Koppeln ohne einen Grashalm oder einen Unterstand, ich sehe Hunde mutterseelenalleine auf Betonauffahrten angekettet; die einzigen Haustiere, denen es einigermaßen gut zu gehen scheint in Italien, sind die Katzen, die überall ungehindert ihrem Freiheitsdrang nachgehen können. Ich ziehe an Gärten mit blühenden Flieder- und Jasminbäumen vorbei, die in der Sonne sicher wesentlich schöner aussehen und wesentlich intensiver riechen würden.

Ich wandere durch Weinberge, in denen das hohe Gras den Weg mehrfach nur noch erraten lässt. Ich kraxele auf rutschigen Felswegen Abhänge hinunter und stehe plötzlich im Niemandsland vor einer Art Tunnel. Es sind die wenigen noch erhaltenen Überreste einer alten Burgruine und ich muss etwa 10 Meter durch die Dunkelheit gehen um diese Ruine zu durchqueren. Mitten in diesem Tunnel aus Steinbögen und Pflanzen ist ein Eingang zu einem noch dunkleren Bereich. Zuerst renne ich förmlich an diesem Eingang vorbei, mir rast das Herz vor Panik. Doch dann fasse ich mir etwas Mut, schleiche mit der Kamera bewaffnet zurück und blitze einmal in diesen Torbogen. Ich erwarte fast, auf meinem Bild ein Gespenst, ein Skelett oder wenigstens ein wildes Tier zu sehen, aber es ist tatsächlich nur ein sehr dunkler, gewölbter Raum ohne Anzeichen menschlichen oder tierischen Aufenthalte abgebildet.

Am frühen Nachmittag kommt endlich die sehnsüchtig erwartete und so lange nicht mehr gesehene Sonne hervor. Sofort hellt sich meine Stimmung auf, auch die Tiere um mich herum scheinen aufzuwachen. Ich höre einen Hahn krähen und die Gerüche von Schafen, Kühen, Ziegen, aber auch frisch gewaschener Wäsche, frisch gebackenem Brot und sogar Pfannkuchen steigen mir in die Nase.

Ich erreiche nach Borgofranco d'Ivrea den Lago Pistono. Schon der erste Eindruck erfreut mein Herz und meine Motivation. Ich finde einen sehr ruhigen, entspannenden Ort vor, habe mein Element „Wasser" wiedergefunden. Auf einer Art Rundweg verläuft die Via Francigena nicht nur halb um den See herum, sondern führt vor allem mit wunderschönen Ausblicken über ihn hinauf. Meine nächste Pause verbringe ich im T-Shirt auf von der Sonne langsam angewärmten Steinflächen mit einem herrlichen Blick in die unendlich scheinende Weite über den See hinaus auf die Berge rund um das Aostatal hinter mir. Meine Schuhe trocknen langsam. Mir geht es dort oben zum ersten Mal seit meinem Aufbruch auf der italienischen Via Francigena wieder so gut, wie ich es von meinen besten Pilgertagen in Erinnerung habe: Ich spüre Tränen vor Glück und innerem Frieden und möchte am liebsten für immer dort oben sitzen bleiben. Doch trotz der Unabhängigkeit dank meines Zeltes traue ich mir nicht zu, alleine eine Nacht dort oben zu verbringen.

Außerdem habe ich im Pilger-Ostello in Ivrea reserviert. Laut meinem Pilgerbuch sollen es von Borgo d'Ivrea, was ja nun schon ein Stück hinter mir liegt, bis Ivrea 4,7 Kilometer sein und ich rechne damit, unmittelbar vor Ivrea zu stehen. Doch mein Pilgerführer wird mich – und leider nicht zum letzten Mal – mit einer Fehlinformation arg täuschen. Ich gehe von meiner Pause am Lago Pistoro statt rund drei Kilometern gut das Doppelte. Der Tag wird mir lang, und das obwohl ich glaube, am Morgen dank meiner Abkürzung rund fünf Kilometer gespart zu haben. Gleichzeitig ist die Landschaft einfach so wunderschön und die Sonne setzt sich immer entschiedener durch, so dass sich meine Stimmung mit jedem Schritt immer nur noch verbessert.

Nach dem zweiten See, dem Lago Sirio, stößt die Via Francigena auf eine Asphaltstraße, die mich den letzten Berg nach Ivrea hinunterbringt. Dort kommt mir ein Fahrradfahrer entgegen, der mich kurz von Kopf bis Fuß prüft, dann abrupt neben mir anhält und mich fragt, ob ich ein Pilger auf der Via Francigena sei. Er bietet mir französisch, englisch und italienisch als Kommunikationsmittel an und erklärt mir in einer wilden Mischung aus allen drei Sprachen, dass er Mitarbeiter des Vereins Via Francigena in Ivrea sei und die Pilger in Ivrea begrüße. Er ist ganz begeistert, dass ich schon vom Pilger-Ostello erwartet werde, erklärt mir anhand eines Stadtplans, den er mir gleich überlässt, den Weg dorthin, drückt mir einen Stempel in meinen Pilgerpass und lässt mich ihm versprechen, dass ich am nächsten Tag in seinem Informationsbüro vorbeischaue, das direkt an der Via Francigena aus Ivrea heraus liegt. So einen Empfang in einem Städtchen habe ich noch nie erlebt und er führt zu den nächsten Glückstränen.

Ivrea gefällt mir auf Anhieb gut. Trotz der fehlkalkulierten Kilometer habe ich noch genug Zeit und Lust, mir ein wenig das Städtchen anzusehen, bevor ich mich in der Pilgerherberge anmelde. Ich sehe mir den Dom und die Kathedrale an, bevor ich zum Fluss hinunter gehe, den ich irgendwo überqueren muss, um zu meinem Ostello zu kommen. Dank dem Stadtplan finde ich die Herberge einfach genug, obwohl ich am Ende noch kurz zweifele, ob dieses abgelegene Gebäude in einem scheinbar ungenutzten und etwas heruntergekommenen Industriepark wirklich eine sichere Bleibe sei. Dort werde ich zum ersten Mal auf der Via Francigena von einem Freiwilligen, einem älteren und leicht krummen Mann, herzlich begrüßt. Ich muss mich in die Pilgerstatistik eintragen und bekomme mein Bett für 12 Euro die Nacht, die günstigste Unterkunft bisher. Der Freiwillige führt mich in einen Schlafsaal mit vier Hochbetten und mit einem atemberaubenden Blick über den tosenden Fluss, der direkt unterhalb des Ostellos verläuft. Würde mir meine handgewaschene Unterwäsche von der Leine, die am Fenstersims angebracht ist, rutschen, sie wäre in den Stromschnellen für immer verschwunden. In der strahlenden Nachmittagssonne habe ich die Hoffnung, dass meine Wäsche zum ersten Mal auf der italienischen Seite der Via Francigena tatsächlich trocknen wird.

Der freiwillige Helfer sagt mir, dass ein französisches Paar ebenfalls telefonisch reserviert habe. Doch statt einem Paar steht plötzlich überraschend ein junger, rothaariger Mann in der Tür, der sich verschwitzt, schwer atmend und hochrot im Gesicht als Pascal vorstellt. Es ist sommerlich warm geworden draußen und man kann Pascal ansehen, dass er einen langen Tag hinter sich hat. Ich habe meine Dusche bereits gewagt: sie befindet sich in einem großen Raum mit den Toiletten, nur durch den Duschvorhang von den Waschbecken abgetrennt und ohne Geschlechtertrennung. Da das Ostello vor allem als Herberge für die Kajakfahrer auf dem Fluss genutzt wird, ist das Publikum vorwiegend männlich und ich habe mich nackt hinter dem Plastikvorhang ziemlich verwundbar gefühlt.

Ich verabrede mich mit Pascal später zum Abendessen in der nächstgelegenen Pizzeria und ziehe noch ein wenig durch das Städtchen. In einem winzigen Gemüseladen möchte ich lediglich eine Rolle Klopapier kaufen, doch der Händler ist so sympathisch, dass ich noch zwei Äpfel dazu nehme. Er packt seinerseits noch zwei Orangen und eine Handvoll Bonbons oben drauf, so dass ich für einen Pilger etwas zu schwer beladen aber mit einem glücklichen breiten Lächeln aus dem Laden gehe.

Ich freue mich auf das Abendessen in Gesellschaft und genieße die Gespräche mit Pascal sehr. Er arbeitet im Hospiz auf dem Großen Sankt-Bernard-Pass, den ich wegen den

Witterungsverhältnissen auf meiner Via Francigena übersprungen habe, über den ich aber unbedingt im Sommer noch pilgern möchte. Pascal kann viele amüsante Geschichten von seiner Arbeit mit den Pilgern und den Mönchen zum Besten geben und entpuppt sich im Laufe dieses ersten Abends bereits als ein interessanter und tiefgründiger Gesprächspartner.

Nach fast einer Woche unterwegs schlafe ich zum ersten Mal wieder in Gesellschaft in einem Schlafsaal und habe das Gefühl, dass alles gut werden wird und ich auch an dieser Pilgerschaft Gefallen finden werde.

Tag 6: Ivrea – Cavaglia (28 km)

Die Tage werden länger – und besser

Pascal bricht am Morgen lange vor mir auf. Ich habe in der Nacht viel Unsinn geträumt, unter anderem dass Pascal und ich verschlafen haben, wir erst nach 15 Uhr aufwachten und somit den kompletten Pilgertag vertan haben; außerdem finde ich mich an meinem letzten Arbeitsplatz wieder und erst als meine Ex-Kollegen mich fragen, wie es denn käme, dass ich wieder dort sei, fällt mir ein, dass ich doch gerade einen viel besseren Job angeboten bekommen habe, ich stehe frohen Herzens auf und gehe einfach; der Traum, dass ich im Zug nach Hause sitze und dann denke, dass ich doch gerne Vercelli noch gesehen hätte, hält mir auch nach dem Aufwachen vor Augen, wie viel ich verpassen würde, wenn ich an einem schlechten Tag wirklich aufgeben würde.

Auf dem Weg aus Ivrea heraus, laufe ich tatsächlich am Info-Häuschen des Via Francigena Vereins vorbei und trete ein. Der Fahrradfahrer vom Vortag begrüßt mich überschwänglich und lässt mich für die Statistik einen Fragebogen ausfüllen. Als Motivationsgründe für diese Pilgerschaft gebe ich an, „die Begegnungen unterwegs".

Die Via Francigena gefällt mir an diesem Tag sehr gut, die Sonne und der blaue Himmel tragen sicher ihr Übriges dazu bei. Es geht durch grüne Wiesen, an gelb und violett blühenden Feldern und wieder an Seen vorbei. Die Seenlandschaften in dieser Region werden mir für immer als Orte reinster Harmonie und Ruhe in Erinnerung bleiben.

Die einzige Schwierigkeit des Tages sind erneut die fehlleitenden Kilometerangaben meines Pilgerbuches. Der erste Abschnitt meiner Tagesetappe soll laut Pilgerbuch 8,7 km betragen. Doch erst nach 14 Kilometern erreiche ich tatsächlich Palazzo Canavese. Zwischen den nächsten Orten, Piverone und

Viverone, liegen dafür wesentlich weniger als die angegebenen 9 Kilometern. Die Unklarheit, wann und wie ich jeweils mein Tagesziel erreichen werde, macht mich unsicher und nervös.

An der Ruine einer alten Kapelle vor Viverone kann ich im Freien auf dem Boden sitzend meine Pause im strahlenden Sonnenschein genießen. Bemerkenswert, was das Wetter und die Erinnerung an die beiden Freiwilligen in Ivrea und auch die Begegnung mit dem ersten echten Pilger an guten Empfindungen für den Tag hervorrufen.

Nach einem mit 28 gelaufenen Kilometern längerem Tag als geplant erreiche ich einigermaßen müde mein Ziel Cavaglia, wo wieder ein Platz in einem Pilger-Ostello auf mich wartet. Nachdem ich mich im Altersheim angemeldet habe, zeigt mir die freundliche Angestellte den hellen, weitläufigen Raum mit mehreren Einzelbetten, wo Pascal schon auf mich wartet. Nach Dusche und Wäsche waschen ziehen wir gemeinsam zum Abendessen in den Ort und verbringen auch unseren zweiten gemeinsamen Abend mit anregenden und lustigen Gesprächen und ausreichend Alkohol.

Tag 7: Cavaglià – San Germano Vercellese (20 km)
Unbekannte Flur-Mitbewohner

Für diesen Tag gibt es in der Etappenplanung keine große Auswahl: entweder eine mit knapp 20 km ziemlich kurze Etappe bis San Germano Vercellese oder eine mit gut 40 km für mich eindeutig zu lange Etappe bis Vercelli. Pascal möchte sich in Vercelli mit seiner Freundin treffen und die lange Etappe versuchen, für mich ist klar, dass ich mich mit der kurzen Etappe begnügen werde.

So stehe ich relativ spät auf, frühstücke im Ostello, in dem die Gemeinde in einem kleinen Schrank für die Pilger gegen Spende alles Notwendige für ein Frühstück bereitstellt: löslichen Kaffee, Wasserkocher, die allmorgendlichen in Plastik abgepackten Maddalenas. Als ich gegen 9 Uhr abmarschbereit bin, klopft es an der Tür. Eine Pilgerin mittleren Alters steht vor mir und stellt sich mit Béatrice vor. Sie ist mir in den letzten Tagen durch ihre Eintragungen in den Büchern der Pilgerherbergen aufgefallen und ich habe gehofft, sie früher oder später einzuholen. Nun aber ist sie vom nächsten Ort, Santhià, zurückgekommen und bricht ihre Pilgerschaft auf der Via Francigena planmäßig ab. Sie wird in einem Kloster erwartet. Ich habe die Befürchtung, dass sie, Pascal und ich die einzigen Pilger auf dieser Strecke sind und da Pascal nun weit vor mir ist, bereite ich mich innerlich auf weitere Tage in Einsamkeit vor.

Kurz nach Cavaglià muss ich eine Autobahn auf einer Brücke überqueren. Es ist der letzte Abschnitt, den ich von Autofahrten nach Italien noch wenigstens vom Autofenster aus gesehen habe. Von nun an wird wirklich alles neu und unbekannt sein. Ich habe ein wenig Heimweh. Doch kurz darauf sehe ich im raschelnden Unterholz das Schwänzchen eines Hasen gerade so verschwinden und erfreue mich an diesem aufmunternden Zeichen der Natur.

Schon im nächsten Ort, Santhià, rufen mir die Begegnungen in Erinnerung, warum ich auf diesem Weg unterwegs bin. Vor einem Blumenladen sitzt der Blumenhändler Gitarre spielend; als er mich vorbei gehen sieht, hält er mich an, springt in seinen Laden und wieder heraus und überreicht mir eine Kopie einer uralten noch handgemalten Landkarte der Region. Stolz zeigt er mir, wo auf dieser Karte die Via Francigena verläuft – nicht dass ich viel damit anfangen kann, aber die Geste ist einfach zu herzerwärmend.

Ich kaufe mir in Santhià ein paar Leckereien, süßes Gebäck, wohl typisch für die Region, und setze mich in der Fußgängerzone auf einen flachen Stein in die Sonne um zu genießen. Prompt wagen sich vorsichtig und schüchtern zwei ältere Damen an mich heran und als sie feststellen, dass ich ein wenig Italienisch mit ihnen sprechen kann, fragen sie mich interessiert und fast ungläubig aus. Dass ich als Frau alleine so durch ihr Land ziehe, finden sie mutig und bewundernswert.

Der Weg an diesem Tag beeindruckt mich mit den Aussichten auf die schneebedeckten Berge in der Ferne und den tiefgrünen Wiesen und Wälder um mich herum. Ich gehe an Bewässerungskanälen entlang und sehr oft auf natürlichen Wegen. Nach Santhià habe ich die Reisanbauregion erreicht, es warten Hunderte Kilometer absolut flacher Strecke auf mich. Noch finde ich die Reisfelder, die weite Ausblicke über das Land zulassen und die verschiedenen dort lebenden Vogelarten interessant.

Ich erreiche San Germano Vercellese an seinem Bahnhof und habe ein irres Gefühl von déjà-vu. Noch heute bin ich sicher, bereits einmal dort gewesen zu sein, auch wenn es überhaupt keinen begreifbaren Grund gibt, der mich jemals an diesen Ort geführt haben könnte. Der kleine Ort scheint ziemlich ausgestorben. Vor einer Bar sitzt ein älterer Mann, der mich aufdringlich zum Anhalten bringt. Er möchte mir irgendetwas empfehlen, mich vor irgendetwas anderem warnen, aber erstens verstehe ich ihn nicht und auch sonst gibt er mir wenig Anlass, seinen Ratschlägen zu vertrauen. Auf dem Weg zu meiner Unterkunft begegne ich dann doch noch der ein oder anderen Dorfbewohnerin, ausschließlich ältere Damen und allesamt auf Fahrrädern unterwegs.

Meine Unterkunft habe ich – wie üblich – am Vortag reserviert. Die Albergo delle Miniere ist laut meinem Pilgerbuch die einzige Unterkunft vor Ort. Eine chinesische Familie empfängt mich, die jugendlich scheinende Tochter führt mich aufs Zimmer und zeigt mir die Dusche, direkt gegenüber meiner Tür auf der anderen Seite des schmalen Flures. Ich sei der einzige Gast und das Badezimmer stehe mir zur freien Verfügung. Umso überraschter bin ich, dort einen Damenrasierer vorzufinden und habe auch sonst das Gefühl, dass am Ende des langen dunklen Flurs hinter Türen, die ich nicht erkennen kann, noch jemand anwesend ist. Mein Zimmer ist klein, nicht übermäßig sauber oder schön, aber für mein Budget korrekt genug.

Zum Abendessen werde ich im zugehörigen China-Schnellrestaurant erwartet. Dort sitzen im Barbereich an Plastiktischen und vor Spielautomaten die Alten des Ortes versammelt und machen sich über die kleinen und die alten Chinesinnen lustig, während sie anzüglich mit der Tochter des Hauses schäkern. Ich werde im Restaurantbereich hinter einer Art Paravent platziert und werde so nicht weiter von diesen Herrschaften wahrgenommen.

Nach dem Essen ist meine Neugier auf das andere Ende des Flures auf meinem Stockwerk doch grösser als meine Angst und ich schleiche mich auf Zehenspitzen bis zum Ende und um die Ecke. Nachdem ich dort eine geöffnete Zimmertür sehe, hinter der das Licht durch die halb heruntergelassenen Jalousien schattenhaft Kleidung, Taschen und ungemachte Betten erkennen lässt, schließe ich meine Zimmertür anschließend doppelt gewissenhaft ab und traue mich kaum noch, in der Nacht auf Toilette zu gehen. Erst später wird man mir erzählen, dass dort nachts niemand „offiziell" im Haus verbleibt, aber die Eingangs- (und somit Ausgangs-)Türen abgeschlossen werden. Auch wird mein unwohles Gefühl später dadurch bestätigt, dass ich erfahre, dass diese Herberge wenigstens einmal als Bordell geführt wurde, auch wenn das wohl heutzutage nicht mehr der Fall ist.

Tag 8: San Germano Vercellese – Vercelli (25 km)
Luxus als letzte Alternative

Anfangs finde ich das Pilgern entlang der Reisfelder monoton, ein bisschen ist es das sicher auch. Der graue, wolkenverhangene Himmel trägt zu dem Gefühl von Eintönigkeit bei. Doch meine Sinne erwachen und ich nehme bewusst das Quaken der unzähligen Frösche in den Bewässerungskanälen und die vielen verschiedenen Vögel in den Reisfeldern wahr. Dazu lässt sich ein weiteres Häschen kurz von hinten beim Weghüpfen sichten. Auf der flachen Strecke komme ich fast ohne körperliche Ermüdungserscheinungen flott voran.

Interessant finde ich die Gedenksteine, die sich regelmäßig am Wegrand finden. Hier, mitten zwischen Reisfeldern, steht ein besonders bemerkenswerter Stein, der mit uralten schwarz-weiß Fotos zwei jungen Männern gedenkt, die am 23. April 1945 gestorben sind: „Da essi l'esempio per una piu sicura libertà" – „Ihr Beispiel für eine sicherere Freiheit".

Bereits kurz nach Mittag erreiche ich die Stadtgrenze meines Tageszieles Vercelli und folge der Via Francigena schnurgerade an einer unschönen Hauptstraße entlang. Ich sehe verschiedene in meinem Pilgerbuch vorgeschlagene Unterkünfte, die mich aber nicht weiter interessieren, da ich zu diesem Zeitpunkt noch glaube, in einer anderen Pilgerunterkunft reserviert zu haben. Ich habe am Morgen ziemlich viel rumtelefoniert. Die Albergo „Croce di Malta", in meinem Pilgerbuch eine der wenigen preisgünstigen aber nicht religiös angebundenen Herbergen, hat schon vor einiger Zeit den Betrieb eingestellt. So habe ich im Seminario Arcivescovile angerufen, das laut meinem Pilgerbuch direkt neben der Kathedrale liegt. Schon am Telefon finde ich den Empfang merkwürdig: Nach dem ersten Vortragen meiner Anfrage für eine Übernachtungsmöglichkeit wird einfach aufgelegt! Entschlossen habe ich es ein zweites Mal versucht.

Eine Sekretärin hat zuerst gesagt, sie seien ausgebucht, auf mein Drängen, dass ich Pilgerin sei und nicht mehr als ein Bett in einem Mehrbettzimmer brauche, meint sie dann, ich soll halt am Nachmittag einfach mal vorbeikommen. „Irgendetwas findet sich immer". Als ich nach rund fünf Kilometern Stadtmarsch über hässliche Einfallstraßen endlich das Zentrum von Vercelli erreiche und vor der geschlossenen Kathedrale stehe, entscheide ich also, in besagtem Seminario vorstellig zu werden. Dort ist erst einmal niemand anzutreffen. Ich schleiche ein wenig unschlüssig herum, bis ein junger Mann auf mich aufmerksam wird und ziemlich aggressiv auf mich zukommt. Ich versuche ihm zu erklären, dass ich lediglich die Anweisungen der Sekretärin befolge und die Hoffnung habe, hier einen Schlafplatz zu erhalten, doch er fährt mich ziemlich ungehalten an: „Das Seminario nimmt schon seit über 8 Jahren keine Pilger mehr auf". Ich bestehe darauf, dass er sich mit der Sekretärin in Verbindung setzt und er ruft auch eine Nummer an, aber mit wem auch immer er am anderen Ende der Leitung spricht, die Person kann sich nicht erinnern, einer Pilgeranfrage für eine Übernachtung zugestimmt zu haben.

Das Gehen auf den Asphaltstraßen im Autogestank hat mich ziemlich angestrengt und ich bin schlussendlich immerhin rund 25 Kilometer unterwegs gewesen. Die Touristeninformation ist geschlossen und trotz meiner Internetrecherche kann ich keine wirklich meinem Budget entsprechende Unterkunft ausfindig machen. Außerdem steht mir für den nächsten Tag eine Etappe mit gut über 30 Kilometern bevor, so dass ich die Möglichkeit, die fünf Kilometer zurück zur Pilgerunterkunft im Convento zu gehen und diese Strecke am nächsten Tag meiner Etappe nochmals dazu addieren zu müssen, auch nicht ernsthaft in Betracht ziehen möchte. Am Ende bin ich von der Stadt, die mir hässlich und wenig pilgerfreundliche erscheint, so genervt, dass ich entscheide, meine Laune mit der einzigen Unterkunft, die für den nächsten Tag strategisch günstig an der Via Francigena liegt, aufzubessern, obwohl das Drei-Sterne-Hotel weit über meinem Tagesbudget liegt.

Am Nachmittag gönne ich mir ein ausgiebiges spätes Mittagessen in einem Schnellimbiss und verbringe den Rest des Tages und Abends in meinem großzügigen Luxuszimmer, wo ich mich zum Abendessen mit der letzten Orange aus Ivrea, Joghurts, einer Banane und Müsliriegeln begnüge. Vor diesem Ausgang eines Tages habe ich immer Bedenken gehabt, da ich das Abendessen immer als einzige Gelegenheit zur Aufstockung der Kraftreserven empfunden habe. Doch mit dem Wissen, dass am nächsten Morgen ein großzügiges Frühstücksbüffet zu meiner freien Verfügung im Übernachtungspreis inbegriffen ist, lässt sich auch ein karges Abendessen ertragen.

Tag 9: Vercelli – Mortara (35 km)
Unvergeßliche Begegnungen

Endlich wieder ein Tag, der sich am Morgen schon mit Sonne ankündigt. Selbst die öden Reisfelder wirken plötzlich mit dem sich auf dem Wasser wiederspiegelnden Himmel ansprechend und fotogen.

Kurz nach Vercelli läuft mir aus einem Bauernhof ein junges Mädchen entgegen, die unbedingt „Radio Camino" spielen möchte. Sie erzählt ausführlich von allen Pilgern, die sie in den letzten Tagen gesehen hat und von ihren Erfahrungen der letzten Jahre und möchte auch genauestens von mir wissen, wem ich so über den Weg gelaufen bin. Ich kann ihr nur von Pascal berichten, aber einen jungen Rotschopf hat sie in den letzten Tagen nicht vorbeilaufen sehen.

Ich pilgere über natürliche Wege, parallel zu einem Flussarm, den ich aber nur erahnen kann. Auch an diesem Tag besteht die Abwechslung auf dem flachen Weg hauptsächlich in Fröschen und Vögeln. Als ich einen kleinen Rastplatz mit Infotafel und Bank erreiche, entscheide ich spontan Pause zu machen. Dabei werde ich von zwei Radfahrern eingeholt. Wir tauschen uns ein wenig aus. Das Paar kommt aus Rolle, einem Nachbarort von Lausanne, und möchte die Via Francigena, für die ich rund sieben Wochen Fußpilgerschaft eingeplant habe, in zwei Wochen mit dem Fahrrad bewältigen. Obwohl ich sie ein wenig darum beneide, Rom innerhalb eines regulären Urlaubs erreichen zu können, weiß ich, dass mir eine Pilgerschaft per Fahrrad niemals dasselbe intensive Erleben wie zu Fuß bieten könnte.

Im Ort Palestro lässt mich mein Pilgerbuch im Stich. Die dort erwähnte Wegführung entlang einer Landstraße gibt es nicht. Der mit gelben Pfeilen markierte Weg geht stattdessen über Feldwege, entlang von Bächen und durch Wäldchen und ist sicher wesentlich schöner als der Weg laut meinem Buch gewesen wäre.

Auch hier erspähe ich wieder ein Häschen am Wegrand, die kleinen nervösen Wegbegleiter wachsen mir ans Herz.

Überhaupt ist die Wegführung an diesem Tag verwirrend und selbst wenn die Beschreibung in meinem Pilgerbuch richtig ist, kann ich sie doch nicht immer eindeutig auf die tatsächlichen Gegebenheiten anwenden. So stehe ich nach Robbio auf einem Feldweg im Nirgendwo, von dem ich an einer T-Kreuzung links Richtung einer Cascina und unter einer Stromleitung durchgehen soll. Ich kann mir jedoch einfach nicht vorstellen, dass diese Grasnarbe, vor der ich stehe, als T-Kreuzung bezeichnet werden kann und gehe so halbrechts geradeaus weiter. Doch sehe ich wohl links einen Hof und auch die Stromleitung und zweifele auf den folgenden wenigen Hundert Metern meines Weges meine Entscheidung so oft an, dass ich schließlich entscheide, umzudrehen. Da kommt mir ein riesiger Traktor entgegen, der Traktorfahrer hält vor mir an, springt von seiner Maschine und macht mir wild gestikulierend verständlich, dass ich falsch abgebogen bin und tatsächlich zurück muss. Ungläubig frage ich den Bauern, ob er wirklich von seinem Feld heruntergefahren und mir gefolgt ist, nur um mir den richtigen Weg zu zeigen. „Ma Signorina, natürlich, weil sonst kommen Sie doch nicht dort an, wo Sie hinwollen!" Ich kann mein Bedürfnis, ihn dafür spontan zu umarmen, nicht unterdrücken und plötzlich schaut er genauso verdattert wie ich.

Nach einem langen Tag erreiche ich meine Unterkunft in der Abbazia di S. Albino, der Abtei von Mortara. Empfangen werde ich von einem wortkargen und ruppigen Herrn und meine Abneigung gegenüber kirchlichen Einrichtungen dieser Art scheint sich erneut zu bestätigen. Doch dann taucht die gute Seele der Abtei auf, eine energiegeladene Dame, die mir mein Klappbett im Aufenthaltsraum der Abtei und den Waschraum zeigt und sich meine Vorlieben für Abendessen und Frühstück aufschreibt. Im

Garten der Abtei warte ich nach Dusche und Wäschewaschen auf den Custode, der höchstpersönlich meinen Pilgerpass abstempelt und mich in seine Pilgerstatistik einträgt. In dieser darf ich anschließend blättern und finde tatsächlich einen Eintrag von Dominique, dem Vollzeitpilger, der mir in der Schweiz entgegen gekommen war.

Das Abendessen wird nur für mich zubereitet und ich nehme es alleine in dem übergroßen Raum ein. Mein schmales Bett scheint auch deplatziert in diesem Umfeld. Trotzdem fühle ich mich überraschend wohl in dieser Unterkunft und habe trotz erneutem Gewitter in der Nacht einen erholsamen Schlaf.

Tag 10: Mortara – Gropello Cairoli (27,5 km)
Schleichende Einsamkeit

Früh am Morgen werde ich von den schrillsten Tiergeräuschen geweckt. Sie hören sich an wie schlimm leidende Kätzchen und mein Herz blutet bei der Vorstellung; doch es sind tatsächlich nur Pfauen vom Nachbargrundstück. Über den ganzen Tag hinweg werde ich von Tieren begleitet, allen voran die obligatorischen quakenden Frösche in den Bewässerungskanälen der Reisfelder, die lustigerweise jedes Mal und alle gleichzeitig aufhören zu quaken, sobald ich mich interessehalber dem Kanal nähere. Ein schwarz-weißer Vogel, eine der Vogelarten, die ich auf der Wanderung entlang der Reisfelder am liebsten beobachte, fliegt immer wieder in großen Kreisen um mich herum. Fast als ob er mir etwas mitteilen möchte, nur dass ich seine Nachricht nicht verstehen kann.

Der Weg im Sonnenschein, über Flüsschen und entlang schnurgerade Kanäle gefällt mir gut, noch immer gehe ich den ganzen Tag auf flacher Strecke.

Um nach Tromello zu kommen, muss ich eine Schnellstraße genau dort überqueren, wo die Ausfahrt einer anderen Schnellstraße mündet. Mit einem 13 Kilo Rucksack über eine an diesem Punkt vierspurige Schnellstraße zu rennen, ist ein echtes Via Francigena Erlebnis. In Tromello, wo ich wesentlich früher als laut meinem Buch angegeben eintreffe, werde ich dafür von einem engagierten älteren Herrn begrüßt. Stolz präsentiert er mir sein Fahrrad, das in den italienischen Farben angemalt und mit Via Francigena Schriftzug eindeutig gekennzeichnet ist. Er ist der selbsternannte Pilgerbeauftragte des Dorfes und bietet mir die Herberge der Parrocchia an. Er scheint enttäuscht, dass ich zur Mittagszeit meinen Pilgertag noch nicht beenden möchte. Wenn ich schon nicht in seinem Dörfchen übernachten möchte, muss ich aber wenigstens auf ein Getränk mit in seine Pilgerbar kommen, er hat auch einen Stempel und Informationsmaterial. Kurz denke ich erneut an den Vollzeitpilger Dominique und seine Warnung, niemals mit einem Anwohner mitzugehen, aber diesem zuvorkommenden Herrn mit seinen strahlenden Augen und seinem lustigen Fahrrad kann ich unmöglich eine weitere Bitte abschlagen. Nachdem ich meine Zusage kurz bereue, weil er mich durch Hinterhöfe und halb zugezogene Absperrungen führt, erreichen wir doch eine kleine private Bar, wo er mir eiskaltes Wasser serviert, meinem Pilgerpass den versprochenen Stempel aufdrückt und mir eine Urkunde zum Beweis meiner Durchquerung seines Ortes überreicht.

Nach Tromello muss ich mich zwischen zwei Wegführungen entscheiden. Eigentlich habe ich in Garlasco auf der „Alten Route" im Garten der ausgebuchten Albergo einen Zeltplatz herausgeschlagen. In Santa Bozzola auf der „Markierten Route", die ich viel lieber nehmen möchte, ist mir bei telefonischer Anfrage in der Casa del Pellegrino wieder einmal gesagt worden, dass trotz Vermerk in meinem Pilgerbuch keine Pilger unter dieser Adresse aufgenommen werden. Nach der letzten Nacht mit heftigem Gewitter bin ich auf den Zeltplatz aber nicht mehr so erpicht und entscheide, lieber einen Ort weiter in einer kirchlichen Herberge zu übernachten. Somit steht der markierten und bevorzugten Route über Santa Bozzola nichts mehr im Weg.

Die Wallfahrtskirche von Santa Bozzola ist gebaut worden, nachdem ein taubstummes Mädchen hier während einem Unwetter in der Kapelle Schutz gefunden hat, dabei ein Fresko der Jungfrau Maria aufleuchtete und das Mädchen danach hören und sprechen konnte. Mich lässt dieses kolossale Bauwerk überraschend kalt. Überhaupt bleiben mir Kirchen auf diesem Weg irgendwie verschlossen, oftmals im wörtlichen Sinne. Die spirituellen Erfahrungen, die ich auf dem Jakobsweg in Kirchen erlebt habe, wollen sich hier nicht einstellen. Selbst in die Kirche der Abtei, in der ich die letzte Nacht geschlafen habe, habe ich kein Auge werfen können.

Das Erinnerungswürdige an Santa Bozzola ist ein kleiner Junge im Alter von vielleicht vier Jahren, der sich auf dem Parkplatz vor der Kirche von der Hand seines Vaters weg reißt, um auf mich zuzustolpern. Er ergreift entschieden meine Hand und lässt sich vertrauensvoll von mir Richtung Kirche und zurück zu seinem Vater leiten.

In meinem Tagesziel Gropello Cairoli stehe ich vor einer hohen Kirche, die mir unproportional groß für den Ort vorkommt. Hinter der Kirche ist eine Art Gemeindezentrum, in dem das Leben an der improvisierten Bar und auf der Terrasse mit Jugendlichen und älteren Menschen gleichermaßen tobt. Mitten in diesem Trubel sitzt eine kleine Nonne, die mich zu sich winkt und mir dann die Pilgerherberge in einem geräumigen und mit Küche und Geschirr voll ausgerüsteten Apartment unter dem Dach des Gemeindezentrums präsentiert. Es ist ein sonniger und warmer Tag gewesen und in der Dachgeschosswohnung ist es stickig. Doch die Nonne verbietet mir ausdrücklich, die Dachfenster zu öffnen, da die Pilger regelmäßig vergessen, diese zu schließen und sie dann die Überschwemmung nach Regenfällen beseitigen muss.

Auch während meines Rundgangs durch das Dorf bilde ich mir eine gewisse Voreingenommenheit gegenüber Pilgern ein. So entscheide ich mich gegen ein Abendessen im Restaurant und kaufe mir stattdessen Nudeln und Fertigsauce sowie Joghurt zum Nachtisch und ein Bier zur Belohnung im Supermarkt. Zum stillen Abendessen alleine in meinem Apartment wage ich mich dann sogar die Fenster zu öffnen, um wenigstens ein bisschen frische Luft und die Geräusche des Lebens aus dem Gemeindezentrum genießen zu können. Ich bin seit vier Tagen keinem Pilger mehr über den Weg gelaufen und die Einsamkeit beginnt schwer zu wiegen.

Tag 11: Gropello Cairoli – Pavia (22,7 km)
Am Ticino

Die kleine Bar, die zu dem Gemeindezentrum gehört, serviert Kaffee und Maddalenas schon am frühen Morgen und ist lebhaft besucht. Die vier älteren Italiener am Nachbartisch, in Blaumann und Arbeitsstiefeln, lassen es sich nicht nehmen, mir den Kaffee bezahlen: „... damit Du gut in Rom ankommst, Mädchen".

Es wird ein wunderschöner Tag, an dem mich bereits früh Sonnenschein begleitet. Erst geht es für ein paar Kilometer einfach geradeaus weiter an Reisfeldern und Bewässerungskanälen entlang. In Villanova d'Ardenghi möchte ich erneut mein Glück versuchen und mir die Kirche ansehen. Zu meiner Überraschung lässt sich die Tür auch laut knarrend nach innen drücken und zu meiner noch größeren Überraschung sitzen sogar einige Dutzend Menschen in den Kirchenbänken. Ich brauche einige Sekunden, um zu begreifen, dass ich hier an einem Donnerstag morgen in eine Messe geplatzt bin. Beschämt ziehe ich die Tür laut knarrend von außen wieder zu und mache mich schnellstmöglich davon.

Ich weiß, dass ich an diesem Tag den Fluss Ticino erreichen werde und freue mich auf den Weg entlang des fließenden Wassers. Doch vorher hole ich mir ziemlich nasse Füße, als ich der Beschilderung folgen möchte, die von meinem Pilgerbuch abweicht. Die Schilder führen mich auf kürzestem Weg zum Fluss und können natürlich nicht wissen, dass der heftige und ewige Regen der letzten Wochen alles unter Wasser gesetzt hat. Einige Hundert Meter kämpfe ich mich tapfer durch knöchelhohen Matsch, aber als die Pfützen immer größere Ausmaße annehmen und ich, um sie einigermaßen trockenen Fußes zu umrunden, immer weiter in den Baumbewuchs ausweichen muss, bis es auch dort kein Vorankommen mehr gibt, drehe ich um und gehe den Kilometer zur Asphaltstraße zurück. Über sie erreiche ich wenige

Kilometer später den Ticino und genieße das Pilgern auf einem trockenen und wunderschönen Feldweg, der sich schmal und manchmal kaum sichtbar am Ufer dieses strahlend blauen Flusses entlang zieht. An der erstbesten Gelegenheit lasse ich mich in Ufernähe für eine Pause nieder und entspanne mich mit Blick über den breiten, ruhigen Fluss. Ein Glücksmoment.

Als ich kurz darauf an einer kleinen Bar vorbei komme, kann ich der Versuchung einer eiskalten CocaCola in einem Liegestuhl mit Blick über den Fluss nicht widerstehen, obwohl ich mein Pausenpensum eigentlich soeben erfüllt habe. Aber es soll mit unter zwanzig Kilometern ein relativ kurzer Tag werden, ich habe mir in Pavia eine Pension reserviert und genieße das Wetter und das Wasser einfach zu sehr.

Auf meinem weiteren Weg ignoriere ich den Hinweis in meinem Pilgerbuch auf eine Abkürzung und komme so an einer Art Moor vorbei, wo ich regelmäßig etwas ins Wasser platschen höre. Ich verharre eine ganze Weile dort, bis ich dank Kamerazoom meine Vermutung bestätigen kann: Schildkröten lassen sich auf den morschen Baumstämmen im Wasser von der Sonne wärmen und wenn sie genug haben, lassen sie sich einfach ins Wasser fallen.

Nach einer schönen Wanderung entlang des Ufers des Ticino erreiche ich Pavia. Die Stadt kündigt sich mit einer großen überdachten Brücke an. Doch bevor ich diese Richtung Zentrum nehme, möchte ich mir die Kirche S. Maria di Betlem ansehen, die mit einer Geschichte um ein mystisches Wunder verknüpft ist. Das beeindruckende Portal der Kirche lässt sich, wie so oft in Italien, nicht öffnen. Im Umkehren begriffen werde ich von einem Herrn angesprochen, der glaubt, ich suche die Pilgerunterkunft und der anbietet, mir den Hintereingang in die Herberge zu zeigen. Er scheint fast enttäuscht, dass ich von seinem Angebot nicht profitieren möchte.

Pavia bietet einiges: Dom, Kirchen, lebhafte Straßen. Bemerkenswert meine Erfahrung in der Kirche S. Michele, in der Friedrich Barbarossa gekrönt wurde. Dort sind zwei Menschen damit beschäftigt, Statistiken der Besucher zu erstellen. Man sollte meinen, dass ihnen für diesen Job ein paar Grundinformationen über die Besucher ihrer Stadt bekannt sind – aber von der Via Francigena und dass Pilger über Pavia nach Rom gehen, haben sie noch nie gehört und beäugen mich misstrauisch, wie ich mich mit dem dicken Rucksack durch ihre Kirche bewege.

Meine Herberge finde ich nach ein paar Fehlversuchen und bekomme ein kleines Zimmer mit Einzelbett und Fernseher. Das saubere, helle Badezimmer am anderen Ende des Flures teile ich mit vier weiteren Zimmern, von denen ich aber während meines Aufenthalts niemanden sehe oder höre. Nach Dusche und Wäsche beende ich meine Stadtbesichtigung, in der mir der Dom noch gefehlt hat. Er scheint mir kühl und nüchtern und regt keine Emotionen in mir.

Wieder einmal fühle ich mich nicht wohl, mich alleine in dieser jungen, lebhaften Stadt zum Abendessen in einem Restaurant oder einem der vielen Plätze niederzulassen. Als ich eine Pizzeria mit Lieferservice finde, lasse ich mir eine Pizza zum Mitnehmen geben und ziehe mich mit italienischem Fernsehen in mein Einzelzimmer zurück.

Tag 12: Pavia – Santa Cristina e Bissone (29.9 km)
Wiedersehen

Auf dem Weg aus der Stadt heraus spricht mich ein Pavianer an und erkundigt sich interessiert über meine Pilgerschaft. Er ist Lehrer und wird es nicht versäumen, seinen Schülern von unserer Begegnung zu berichten. Im Park kurz hinter Pavia leben unzählige Hasen und warten förmlich darauf, von mir fotografiert zu werden.

Ich durchquere ein Waldstück, in dem die Bäume merkwürdig systematisch in langen schnurgeraden Reihen angeordnet sind. Pinkelpausen sind für Frauen in diesem Wald kaum denkbar. Davon abgesehen geht der Weg weiter flach durch die Landschaft mit ihren Reisfeldern, vorbei an blühendem Mohn und Bäumen mit großen Trauben intensiv duftender und schwer aussehenden weißen Blüten. Vereinzelt komme ich an Höfen vorbei, in den Dörfern versorge ich mich mit Früchten und fülle meine Wasservorräte auf. Meine Stimmung ist an diesem Tag ähnlich bedeckt wie der Himmel. Sie ist auf diesen Langzeitwanderungen immer sehr wetterabhängig; die Tatsache, dass ich seit fast einer Woche keinem Pilger begegnet bin und mich innerlich darauf einstelle, dass dies bis Rom so bleiben könnte, tut der Motivation nicht gut. Immerhin habe ich in Pavia ausnahmsweise nicht (rein interessehalber) nach Zügen für die Rückfahrt geschaut.

Nach dem Weiler Torre dei Negri gibt mir mein Pilgerbuch zwei Alternativen zur Auswahl. Ich entscheide mich trotz einer langen Tagesetappe für die längere, da sie an einem Naturschutzgebiet vorbeiführen soll. Doch unmittelbar vor diesem ist eine riesige Baustelle mit hohen Gitterzäunen abgetrennt. Mein Weg führt schier endlos an diesem Gitterzaun entlang, immer mit angewidertem Blick in die Gruben rechts von mir. Die Reiher und Wasservögel des Naturschutzgebiets lassen sich natürlich so nah an Lärm und Bodenvibrationen nicht mehr blicken.

Erst als ich nach dem Damm an der Casa Fulvia eine überdachte Picknickgelegenheit finde mit ausdrücklichem Hinweis, dass diese für Rompilger bereitgestellt sei, bessert sich meine Stimmung wieder. Doch den Regenschutz um den Rucksack werde ich den ganzen Tag nicht los.

Als ich den kleinen Ort Santa Cristina e Bissone erreiche und mir ein hilfsbereiter Italiener den Weg zur Pilgerherberge zeigt, wartet dort eine weitere Überraschung auf mich. Obwohl ich reserviert habe und es ein separates Pilgerzimmer mit zwei Einzelbetten und eigenem Bad gibt, wird mir in einem Gemeinderaum eine Matratze auf dem Boden zugewiesen und ich muss die Toilette der Gemeindebar benutzen und die Dusche des Sportplatzes. Denn: es ist bereits ein Pilger eingetroffen und obwohl er nicht reserviert hat, ist er als erster Gast in das Pilgerzimmer einquartiert worden. Mein Rotschopf Pascal, mit dem ich in Cavaglià zum letzten mal die Nacht verbracht habe, ist wieder auf meinem Weg. Er bringt mindestens so viele Via Francigena Abenteuergeschichten mit wie ich und sein Redebedürfnis ist ebenso gesteigert wie meines. Für die Gemeindebetreuerin ist es ausgeschlossen, dass ich das Zimmer mit ihm teile. Obwohl wir kurz darüber nachdenken, diese Regel zu brechen, bin ich nach einem lustigen Abendessen mit ihm und ein paar Bierchen doch ganz froh, alleine und mit ausreichend Platz schlafen zu können, statt mich in seinem beengten Zimmer einzunisten.

Tag 13: Santa Cristina e Bissone – Calendasco (26.6 km, einschließlich Bootsfahrt)
Die Po-Überquerung

Auf diesen Tag habe ich seit Beginn der Pilgerschaft gewartet: ich werde den Po überqueren. Dazu habe ich am Vortag einen privaten Bootsmann angerufen und eine Uhrzeit mit ihm vereinbart, an der er mich in Corte S. Andrea abholen wird. Pascal schließt sich meinem Plan an und wir brechen gemeinsam auf.

Er hat sich mittlerweile ein italienisches Buch mit der Wegbeschreibung der Via Francigena besorgt, versteht aber nicht alle Details. Seine Beschreibung und die Beschreibung meines Buches scheinen nichts miteinander zu tun zu haben und die offizielle Beschilderung entspricht weder der einen noch der anderen. Immer wieder diskutieren wir an Wegkreuzungen über den sinnvolleren Weg und mehr als einmal machen wir kehrt. Doch es ist ein sonniger Tag und wir sind beide über die Gesellschaft froh und lassen uns nicht so schnell aus der Ruhe bringen.

Als wir uns nach Santa Cristina e Bissone nach einem ersten Verlaufen auf den besten Weg geeinigt haben, führt uns dieser durch kniehohes Gras, in dem sich der Tau gesammelt hat. Trotz all der Regentage vorher und trotz der Sonne über uns habe ich noch nie so nasse Füße gehabt wie nach diesen Kilometern. Das Wasser steht förmlich in meinen Schuhen und gibt mit jedem Schritt ein knatschendes Geräusch von sich.

In Chignolo Po machen wir an der Kirche Pause und leeren die Schuhe. Sie stinken erbärmlich und werden für den Rest des Tages nicht mehr trocknen. Neben der Kirche gibt es eine Lourdes-Grotte mit einer Tafel: Laut Monsignore Carlo Allorio, dem Ves. von Pavia, würde man 100 Tage Fegefeuer erlassen bekommen, wenn man hier drei Ave Maria betet. Ich pilgere lieber weiter Richtung Rom.

In unserer nächsten Pause am Feldrand, nachdem wir endlich die Asphaltstraße verlassen haben, taucht eine junge Pilgerin auf und würde wort- und grußlos an uns vorbeigehen, wenn ich sie nicht anhalten würde. Sie stellt sich nicht mit Namen vor und wirkt auch sonst eher merkwürdig auf uns. Sie schleppt einen riesigen Rucksack, auf den unter anderem eine schwere Strickjacke zum Trocknen gebunden ist. Den Rucksack hat sie nur geschultert und verteilte das Gewicht nicht über den Hüftgürtel. Gleichzeitig jammert sie, dass sie sehr oft anhalten muss, weil ihr die Schultern so wehtun. Meinen Ratschlag, wie sie den Rucksack besser tragen kann, möchte sie nicht hören. Sie geht in Straßenschuhen und vermittelt uns den Eindruck, sehr spontan aufgebrochen zu sein, wesentlich spontaner noch als ich ein Jahr zuvor Richtung Santiago.

Doch auf uns wartet die Fähre und wir müssen uns ein wenig sputen, um den Bootsanlegeplatz zur vereinbarten Uhrzeit zu erreichen. Das Dorf Corte S. Andrea sehen wir nur im Vorbeilaufen, obwohl wir uns gerne dort ein wenig umsehen würden, es scheint mit seinem Triumphbogen am Ortseingang vielversprechend. Als wir den Bootsanlegeplatz auf die Minute genau zur vereinbarten Uhrzeit erreichen, ist kein Boot zu sehen. Wir warten eine ganze Weile und werden etwas ungeduldig und nervös, obwohl uns klar ist, dass wir in Italien sind und die Uhren ein wenig anders ticken als in unserer Wahlheimat Schweiz. Doch welche grandiose Freude, als der Fährmann mit seinem modernen Motorboot vorfährt, uns einlädt und mit uns über das kühle Wasser auf die andere Seite braust. Wir lassen uns den Wind um die Nase wehen und genießen den Luxus einer privaten Bootsfahrt, die uns darüber hinaus auch fünf Kilometer weiter Richtung Rom verfrachtet. Auf der anderen Seite angekommen, lädt uns der Bootsmann zu sich ein, um uns einen Stempel für die Überfahrt zu verpassen. Als er meinen Pilgerführer sieht, lacht er auf und teilt mir mit, dass die Autorin meines Wanderführers hier mit dem Auto vorgefahren ist. Nicht gerade beruhigend, aber Anlass für viele Witze auf dem weiteren Weg.

In Calendasco stehen wir vor einem echten Problem: alle Unterkünfte sind aufgrund einer nationalen Feier in Piacenza ausgebucht. Am Vorabend habe ich alle möglichen Telefonnummern angewählt und es schlussendlich mit einiger Überzeugungskraft geschafft, in einer privaten Herberge, einer Art Agriturismo, das letzte Bett zu ergattern. Pascal möchte eigentlich bis Piacenza weiterziehen, aber uns wird eindringlich davon abgeraten, da dort allemal alles ausgebucht ist. Die Besitzerin des Agriturismo hat mir am Vorabend deutlich gesagt, dass es sich um ein Einzelzimmer handelt und es ausgeschlossen ist, dass Pascal dort auch unterkommt, trotzdem stehen wir nun zu zweit vor ihrer Tür. Das Einzelzimmer ist das Privatzimmer der Besitzerin, sie zieht für diese Nacht zu einer Bekannten, und es scheint tatsächlich unmöglich, in dem beengten Raum zwischen dem schmalen Bett und der Wand eine weitere Person unterzubringen. Doch sie lässt sich erweichen und wir rollen notdürftig meine aufblasbare Matte aus, auf der Pascal nächtigen wird. Die stinkenden und noch immer feuchten Schuhe werden nach außerhalb des Zimmers verbannt.

Das Abendessen in unserem Agriturismo hingegen ist ein echter Genuss und so sind wir trotz der beengten Umstände zufrieden und verbringen einen langen gemeinsamen Abend mit Wein und Bier, an dem Pascal mir sehr viel von sich erzählt. Es wird eine dieser vertrauten Pilgerfreundschaften, wie sie sich wohl in dieser Geschwindigkeit und Intensität nur auf Pilgerwegen entfalten können. Doch am nächsten Tag wird er sein Alternativprogramm starten, sich Parma und Florenz ansehen und wir werden uns auf diesem Weg nicht wiedersehen.

Ich verspreche ihm aber, ihn eines Tages in seiner Pilgerherberge auf dem Großen Sankt-Bernard Pass zu besuchen.

Tag 14: Calendasco – Montale (22.75 km)
Pilgern durch eine Stadt in Partystimmung

Im Sonnenschein breche ich am Morgen alleine auf. Pascal hat sich in aller Herrgottsfrühe aus unserem Zimmer geschlichen. Noch immer verläuft der Weg flach und oft schnurgerade, doch mit Sonne und bald entlang des Flusses Trebbia genieße ich den Tag.

Laut meinem Pilgerbuch soll der Fluss im Hochsommer ausgetrocknet und zu Fuß durchquerbar sein. Doch als ich diesen Fluss kurz vor Piacenza auf einer Autobrücke überquere, ist es schwer vorstellbar, dass dieser einmal austrocknen soll. Der viele Regen der letzten Wochen, über den sich indes auch die Einheimischen des Öfteren beschweren, zeigt Folgen.

Ab der Brücke verläuft der Weg schnurgerade entlang der Hauptstraße und je mehr ich Richtung Stadtmitte komme, desto merkwürdigere Gestalten treffe ich an. Der Grund, warum an diesem Wochenende alle Hotels und Herbergen im Umkreis von Piacenza belegt sind, ist das Fest der „Alpini". Tausende Männer aller Altersgruppen und Sportlichkeitsgraden sind in Lederhosen, karierten Hemden und Hütchen mit Federschmuck unterwegs, viele schon zur Mittagszeit sturzbetrunken und ausgelassen am Feiern, obwohl dieser Sonntag der letzte Tag des Festes ist. Mein Rundgang in Piacenza mit Besichtigung des Doms und der Kirchen fällt somit kürzer aus als ich mir für diesen Kilometer-mäßig leichten Tag hätte erlauben können. Bei mir kommt unter all diesen feiernden Menschen verständlicherweise nicht die besinnliche Stimmung auf, um Kirchen und Spiritualität zu erleben. Selbst als ich mich zum Mittagessen mit einem Sandwich auf den Domstufen niederlassen möchte, muss ich regelrecht um einen Platz kämpfen.

Aus Piacenza hinaus geht es auf der Via Emilia, eine historische Straße, die heutzutage aber für Pilger einen geteerten

Gehweg entlang der Hauptstraße darstellt. Laut Pilgerbuch soll es 13,5 Kilometer entlang dieser Straße gehen, keine motivierende Aussicht. So entscheide ich bei Erreichen der Kirche in Montale, die dort angeschlagene Nummer anzurufen und mich in der Pilgerherberge anzumelden. Mir wird erklärt, wie ich das Gebäude finde und wo ich den Schlüssel abholen kann. Als ich den Weg zur Herberge antrete, taucht ein neuer Pilger neben mir auf! Hans aus Linz, der sich als sportlicher Pilger präsentiert und gerne wildcampt statt in Herbergen zu übernachten. Trotzdem entscheidet er spontan, sich meine Unterkunftsmöglichkeit anzusehen und zieht dann prompt dort mit mir ein. In der sauberen, großen Herberge direkt neben der Kirche treffen wir auf zwei Alpini, die im Nebenzimmer untergekommen sind und zum Ende ihrer Party noch eine Nacht dort bleiben werden, so dass mir die Anwesenheit eines männlichen Pilgers durchaus gelegen kommt.

Mit Hans verbringe ich einen lustigen Abend in der Pizzeria gegenüber, in dem er fast zu dick auftragend seine abenteuerliche Lebensgeschichte erzählt und mich spätestens an dem Punkt irritiert, als er darauf besteht, die komplette Rechnung zu übernehmen.

Tag 15: Montale – Chiaravalle della Colomba (28,5 km)
Ich lerne die Bedeutung des Wortes « Furt »

Hans hat angekündigt, dass er sehr früh am Morgen aufstehen wird, da seine Tagesplanung wesentlich mehr Kilometer als meine vorsieht. Trotzdem steht er schlussendlich mit mir auf und zieht ungefragt mit mir los. Mir wird das bereits unangenehm und erinnert mich an so manch eine Begegnung mit männlichen Pilgern auf dem Jakobsweg, aber ich bin noch nicht an dem Punkt, klar mitzuteilen, dass ich lieber alleine gehen möchte und akzeptiere Hans Anwesenheit vorerst.

Wie im Pilgerbuch versprochen, müssen wir entlang der Hauptstraße pilgern, schnurgerade und flach für endlos scheinende Kilometer. Kurz vor dem Ort Cadeo sollen wir laut Pilgerbuch endlich nach rechts die Hauptstraße verlassen können, doch der einzige Landwirtschaftsweg, der nach rechts abgeht, macht mit auffälligen Schildern deutlich, dass es sich um einen Privatweg handelt und Pilger nicht willkommen sind. Wir treffen auf eine Gruppe stämmiger deutscher Pilger, zwei Männer und eine Frau, die sich bitterböse über den Pilgerführer beschweren, da er sie schon oft falsch geleitet hätte. Gemeinsam gehen wir also in den Ort Cadeo, wo wir endlich auf eine Markierung nach rechts stoßen und die Hauptstraße gegen Feldwege eintauschen können. Die drei deutschen Pilger lassen Hans und ich schnell hinter uns.

Gerne möchte ich eine Pause im Schatten eines Baumes machen, doch Hans wendet nicht zu Unrecht ein, dass eine Pause recht unbequem am Boden sitzend und von Ameisen angegriffen, nicht wirklich ideal ist. So brechen wir nach nur wenigen Minuten wieder auf. Wir gehen relativ orientierungslos. Zwar führt das Buch in seiner Wegbeschreibung auf, dass wir oft nach rechts und links abbiegen müssen, doch ich habe das Gefühl, zickzack oder sogar im Kreis zu gehen.

Wir kommen an die Stelle, die in meinem Buch als „Furt" bezeichnet ist, die es zu überqueren gilt. Ich wusste nicht, was ich mir unter einer Furt vorzustellen habe, doch hier lerne ich es schnell: Hans und ich stehen vor einem ca. zehn Meter breiten Bach mit klarem aber eiskaltem Wasser, den wir ohne Brücke oder sonstige Hilfsmittel zu überwinden haben. Wir ziehen also Schuhe und Socken aus, krempeln die Hosenbeine hoch und steigen bis gut Wadenhöhe ins kalte Nass. Die drei Deutschen holen auf und tun es uns gleich. Meine erste Furt finde ich recht aufregend und spannend und erlaube mir, für Fotos und das Erlebnis länger als unbedingt nötig im Wasser zu bleiben. Das bereue ich auf der anderen Seite ziemlich, denn meine Füße sind fast gefühlslos kalt. Glücklicherweise ist es an diesem Tag angenehm warm und sonnig!

Keine halbe Stunde später stehen wir erneut vor einer Furt... Ich versuche erneut, eine Pause vorzuschlagen und möchte mich gerne auf den Kieseln am Wasser niederlassen, doch erneut lasse ich mich von Hans überzeugen, dass dieser Ort zu kühl und unbequem für eine angenehme Pause ist. Ich ärgere mich über mich selbst, dass ich nicht in der Lage bin, meinen eigenen Weg zu gehen sondern mich immer wieder und bei erstbester Gelegenheit auf Kompromisse einlasse. Wir durchqueren auch diesen Bach barfuß und das Wasser scheint sogar noch ein wenig höher als bei der ersten Furt.

Als wir uns dem Ort Fiorenzula d'Arda nähern und klar wird, dass Hans sich dort für eine ausgiebige Pause in einem Restaurant niederlassen möchte, wohingegen ich bewusst auf mein Budget bedacht lieber in der freien Natur mit Wasser und Müsliriegeln pausiere, entscheiden wir, uns vorübergehend zu trennen. Ich mache an einer verlassenen Scheune Halt, wo mir die Sonne schattenlos aufs Hirn brennt und ich mich nochmals ärgere, nicht am erfrischenden Wasser Halt gemacht zu haben. Hans zieht nach Fiorenzuola d'Arda vor, wo ich ihn später in Restaurants entlang der Hauptstraße suchen und abholen soll.

Doch es soll anders kommen. Unmittelbar nach meinem unbequemen Rastplatz sollte die Via Francigena eine Schnellstraße unterqueren, doch die Unterführung ist meterhoch mit Wasser vollgelaufen. Es ist unmöglich dort durchzukommen. Ich gehe spontan nach links, erreiche eine Tankstelle und finde Spuren anderer Pilger, die wohl auch hier die Schnellstraße überquert haben. Mit leichter Panik und so schnell es mit einem über 10 Kilo schweren Rucksack beladen möglich ist, hetze ich über die Gefahrenzone. Nun befinde ich mich mitten in einem Feld und kämpfe meinen Weg durch hohes Gras wieder zurück, um die Via Francigena auf der anderen Seite der Unterführung wieder zu finden.

Kurz vor Fiorenzula d'Arda treffe ich ein letztes mal die drei deutschen Pilger, die denselben Weg wie ich genommen haben. Hans ist ihnen nicht begegnet. Noch rechne ich damit, ihn problemlos in Fiorenzula d'Arda wiederzufinden und tatsächlich besteht der Ort nur aus einer langgezogenen Fussgängerzone mit einer Handvoll Restaurants und Cafés. In keinem kann ich Hans erspähen, obwohl ich pflichtbewusst die Straße zweimal hoch und wieder zurück gehe. Hans weiß, dass ich nur sechs Kilometer weiter in der Abbazia reserviert habe, so entscheide ich, alleine weiterzuziehen und gehe davon aus, dass Hans entweder dort auf mich warten oder nachkommen wird.

Der Weg nach Chiaravalle della Colombo wird mir ziemlich lang. Als ich endlich im kleinen Ort entreffe, erweist sich dieser als Geisterstadt. An der Touristeninfo hängt ein Schild, dass sie im April wiedereröffnen wird, doch jetzt, Mitte Mai, ist sie noch immer ausgestorben. Das Sterne-Hotel im alten Palast scheint auch dauerhaft geschlossen, das angeschlossene Restaurant ebenso. Ich finde mein Kloster, ein großes, beeindruckendes

Gebäude mit einer riesigen Kirche nebenan und suche müde nach einer Person, die mir den Weg zur Pilgerherberge weisen würde. Ich treffe auf einen Priester, der mich wortlos vor sich her zu einer Art Hausmeisterloge führt. Dort wartet ein alter, gebeugter Gnom auf mich, der mich höchst knapp anweist, ihm zu folgen und mich durch unzählige, immer schmaler werdende Korridore geleitet. Immer mal wieder stoßen wir an eine Tür, die er mit einem Schlüssel öffnet und gewissenhaft hinter sich wieder abschließt, ich fühle mich bereits jetzt höchst unwohl. Nach einigen Korridoren fragt er mich auf Italienisch, ob ich italienisch oder französisch spreche und ich antworte auf Italienisch, dass ich besser französisch als italienisch könne. Für ihn ist das wohl Bestätigung genug, dass ich nicht gut Italienisch spreche und so beginnt er, fluchend vor mir herzuziehen: „Mi fa schifo" („Es (oder auch sie) kotzt mich an"). Vielleicht interessiert ihn nicht, dass ich ihn verstehe, vielleicht legt er es auch bewusst darauf an.

Wir erreichen den Teil des Klosters, in dem die Pilgerherberge untergebracht ist. Eine dunkle, kühle Küche, in der so gut wie keine Utensilien vorhanden sind, ein feuchter, muffiger Schlafraum mit drei Betten, von denen alle drei offensichtlich bereits benutzt und nicht gewechselt worden sind und ein schmales, kaltes Badezimmer. Der Gnom zeigt mir den Ausgang und weist deutlich darauf hin, dass ich die Tür nicht abschließen darf. Am liebsten möchte ich einfach weiterlaufen, doch die nächste Herberge ist erst in 16 Kilometern angegeben und nach fast 29 Kilometern an diesem Tag ist das unmöglich zu erreichen. Außerdem gehe ich noch immer davon aus, dass Hans noch nachkommen wird.

Nach der Dusche in diesem unangenehmen Pilgerquartier gehe ich zurück ins Dorf, um mir mein Abendessen zu organisieren. Erst möchte ich der ersten Barbedienung nicht glauben, dass es außer dieser kleinen Kneipe nichts im Ort geben soll, doch nach einem Rundgang durch den ganzen Ort kehre ich mit hängendem Kopf dorthin zurück. Mehr als ein Sandwich und ein Stück Kuchen kann mir der Besitzer, der mit einem Atemapparat in seinem Laden steht, nicht anbieten. Ich fülle die Energiespeicher stattdessen mit Bier auf und kehre einigermaßen angedüdelt zu meiner Herberge zurück. Hans ist nicht aufgetaucht und ich werde ihn persönlich auch nicht mehr treffen, wenn ich auch noch einiges von ihm hören werde.

Vom Alkohol besänftigt, kann ich die friedvolle Atmosphäre, die im Klosterhof vor meinem Quartier durch die untergehende Sonne entstanden ist, auf mich wirken lassen. Trotzdem wird meine Nacht in diesem dreckigen Bett, vom Gnom und allem anderen nur durch eine nicht abschließbare Holztür getrennt, eine der weniger guten auf der Via Francigena.

Tag 16: Chiaravalle della Colombo – Costamezzan (32.5 km)
Ein Tag voller Höhepunkte

Der Tag beginnt ähnlich chaotisch wie der letzte aufgehört hat: unmittelbar nach Chiaravalle muss ich die Autobahn auf einer Brücke überqueren, doch die Brücke ist mit orangenen Baustellennetzen gesperrt. Es ist unmöglich, wie am Vortag einfach die Straße zu überqueren, so bahne ich mir einen Weg an den Netzen vorbei, überquere die Straße auf der gesperrten Brücke und kämpfe mich auf der anderen Seite wieder aus dem Netz heraus. So einfach. Daheim würde ich so eine Regelüberschreitung niemals wagen.

Ich habe mir einen langen Tag vorgenommen. Dazu wird der flache Teil der Via Francigena heute endlich aufhören und mir stehen die ersten Steigungen bevor – und zu all dem möchte ich unbedingt vor der Mittagspause um 12Uhr30 die Touristeninformation im 16 Kilometer entfernten Fidenza erreichen, um mir einen neuen Pilgerausweis zu besorgen, mein erster ist fast voll.

So kommt es mir nicht gelegen, als nach nur einer Stunde Wanderung entlang Feldwegen ein Mann aus seinem Hof tritt, als er mich ankommen sieht und mir einen Tee oder Kaffee und Gebäck zur Stärkung anbietet. Er hat in seinem Hof in der Sonne an einem Tisch gesessen und scheint regelrecht auf Pilger zu warten. Erst versuche ich höflich, sein Angebot abzulehnen, auch habe ich die Warnung des Vollzeitpilgers Dominique noch immer nicht ganz aus meinem Kopf gebracht, aber dieser Mensch bittet mich so liebenswürdig, dass ich mich schließlich zu ihm in den Hof setze. Er bringt Kaffee und Kekse aus seinem schnuckeligen Häuschen, stellt mir seinen Hund Laila vor und erzählt von sich. Massimo ist Mittelschullehrer, unterrichtet unter anderem Italienisch und Geschichte, und befindet sich ausgerechnet an diesem Dienstagmorgen auf Streik, als Protest gegen bestimmte

Prüfungsrichtlinien. Ich habe einen außergewöhnlich interessanten, interessierten und sympathischen Gesprächspartner gefunden und verbringe schlussendlich trotz meinem Zeitdruck fast eine Stunde in angeregter Unterhaltung über Gott und die Welt, Literatur und Reisen, über ihn und mich. In diesem sonnendurchfluteten Hof, neben diesem mir so unwirklich vertraut scheinendem Mann, überkommt mich ein Gefühl von Friede und Harmonie, wie ich es auf der Via Francigena bisher noch nicht erlebt habe. Massimo nimmt zur Not auch Pilger auf, die es nicht bis Fidenza schaffen und ich ärgere mich, am Vorabend nicht einfach weitergegangen zu sein, ich wäre sicherlich zur Nacht bei ihm gelandet.

Wie beschwingt breche ich auf und erreiche unglaublicherweise Fidenza und das Touristenbüro noch vor 12Uhr30, obwohl mich die Wegbeschreibung meines Pilgerbuchs wieder einmal vollkommen im Stich lässt und ich nicht weiß, wo ich rumlaufe. Fidenza gefällt mir gut und ich mache eine schöne, ausgedehnte Mittagspause in einem kleinen Restaurant am Rathausplatz.

Doch ich habe erst die Hälfte meiner Tagesetappe geschafft und der Weg, so schön er auch auf natürlichen Pfaden und durch grüne Landschaften verläuft, verlangt mir einiges ab. Vor allem als nach 25 Kilometern Tagesleistung die leichten Steigungen beginnen, an die ich nach über 250 Kilometern flacher Strecke wirklich nicht mehr gewöhnt bin. Ziemlich abgekämpft erreiche ich mein Tagesziel Costamezzana und finde mich erneut in einem Ort ohne Infrastruktur. In einem Privathaus muss ich eine langwierige Einschreibung über mich ergehen lassen, bevor man mir die große Pilgerherberge öffnet, in der ich ganz alleine untergebracht bin. In der letzten Nacht haben dort angeblich eine große Gruppe sowie mehrere Einzelpilger übernachtet. Auch wenn ich keine große Runde mit einer Wandergruppe suche, würde ich gerne mal wieder einen Abend in netter Pilgergesellschaft verbringen.

Man empfiehlt mir, mich im Restaurant schräg gegenüber für das Abendessen anzumelden, es ist die einzige Alternative im Ort. Die Gäste sind merkwürdige ältere Kauze, von denen einer meint, das Recht zu haben, mich während der gesamten Länge meines „Feierabend"-Biers vollquatschen zu dürfen, da ich unbeabsichtigt ein Foto von ihm gemacht habe; er ist in dem Moment an der Pilgerherberge vorbei gelaufen als ich diese für meine Erinnerung dokumentiert habe. Der kulinarische Höhepunkt dieses außergewöhnlichen Tages ist das vegetarische Menü, das der Koch in diesem bodenständigen Restaurant in diesem abgelegenen Dorf spontan zubereitet. Es ist das beste vegetarische Menü, das ich auf allen Caminos je gegessen habe!

Tag 17: Costamezzana – Sivizzano (31 km)
Auf Abwegen

Auch für diesen Tag habe ich mir eine Etappe vorgenommen, die etwas über dem Pensum liegt, was ich mir noch mit Spaß zutraue. So bin ich relativ früh unterwegs. Im netten Restaurant hat man am Vorabend meine Frühstücksreservierung entgegen genommen. Auf ein Klopfen wird mir die Hintertür geöffnet und ich darf für einen Kaffee und ein Maddalena Platz nehmen.

Costamezzana wirkt verlassen, ebenso wie die unbefestigten Wege, die mich steil ansteigend zum Schloss führen. Umso überraschter bin ich, mitten im Wald in weiße Anzüge gekleideten Männern zu begegnen, die aussehen, als würden sie die Gegend nach einem Chemieunfall reinigen. Es stellt sich heraus, dass es sich um Imker in voller Schutzmontur handelt.

Mein Weg führt mit schönen Ausblicken auf grüne Hügellandschaften einsam auf natürlichen Pfaden. Eine harmlose Furt kann ich durchqueren, ohne die Schuhe ausziehen zu müssen. Kurz vor Medesano verlasse ich den Trampelpfad um ein paar Meter und verstecke mich in dem hohen Gras für eine Pippipause. Wahrscheinlich habe ich mir den Haufen Zecken dort geholt, den ich in der nächsten Pause mit Entsetzen in meinen Schuhen finde. Sechs Tierchen ziehe ich aus den Socken und den Schuhsohlen und obwohl ich nicht sicher beurteilen kann, ob es sich um Wanzen aus der Herberge oder Zecken handelt, ist mir doch klar, dass das keine gute Nachricht ist. Pedantisch und ein wenig panisch suche ich meine Schuhe, Socken, Hose und Beine nach weiteren Tierchen ab.

Doch das eigentliche Abenteuer beginnt erst nach Medesano. Mein Pilgerbuch schickt mich nach rechts steil den Berg hoch, die Beschilderung der Via Francigena allerdings zeigt deutlich mit funkelnagelneuen und übergroßen Schildern geradeaus die Hauptstraße entlang. Die Hauptstraße scheint mir nicht so verlockend und so gehe ich rechts den Hügel hinauf. Obwohl ich oben angekommen keine weiteren Hinweise auf die Via Francigena finden kann und auch die Beschreibungen meines Pilgerbuches nicht auf die Umgebung übertragen kann, entscheide ich, einfach weiterzugehen. Die Richtung kann so falsch nicht sein und ich möchte nicht umsonst den Berg hochgestapft sein. Nach einigen Kilometern, in denen ich immer mal wieder glaube, Beschreibungen aus meinem Pilgerbuch wiederzuerkennen, muss ich aber zugeben, dass ich überhaupt keine Ahnung mehr habe, wo ich bin. Ich finde mich plötzlich auf einem einsamen Hof wieder, der Endstation des Pfades zu sein scheint und wo ich jeden Moment erwarte, den wütenden Wachhund um die Ecke hechten zu sehen.

Entmutigt packe ich mein Handy aus und versuche mich, per GPS zu orientieren. Ich finde einen Weg hinter dem Hof, der mich auf eine Straße führt. Da ich auch dort keine Via Francigena Beschilderung finden kann, entscheide ich, links den Berg hinunter zurück zu der Hauptstraße zu gehen, auf der die Via Francigena neuerdings zu verlaufen scheint. Es ist ein merkwürdiges Gefühl, als Pilger mit großem Rucksack durch die Landschaft zu ziehen, wenn der Weg kein Pilgerweg ist. So empfinde ich es zumindest bis zu dem Punkt fast am Ende des Abstiegs, als ein Pfeil der Via Francigena mir entgegen zeigt! Ich habe aber überhaupt keine Lust darauf, den Berg wieder hochzugehen und entscheide nun, entlang der Hauptstraße bis ins nächste Dorf, Felegara, zu gehen. Die Straße stellt sich als vielbefahrene Hauptverkehrsader heraus und ist eindeutig Pilger-ungeeignet. Wiederum dank Handy und GPS gestützt entscheide ich bei der ersten Möglichkeit, die Straße nach links zu verlassen und komme endlich auf ruhigeren Seitenstraßen in Felegara an.

Hier finde ich auch die offizielle Via Francigena wieder und ziehe auf ihr weiter durch einen ruhigen und schönen Naturpark, immer mehr oder weniger in paralleler Nähe zum breiten aber ziemlich ausgetrockneten Fluss Taro. Diesen überquere ich später und erreiche das sympathische Dorf Fornovo di Taro, von wo ich parallel zum Fluss weiterziehe, allerdings auf mehr oder weniger verkehrsreichen Asphaltstraßen. Ich bin froh, als ich endlich und mit ziemlich letzter Kraft im Dorf Sivizzano ankomme, vor allem weil es pünktlich zu meiner Ankunft wieder zu nieseln beginnt.

Die Begrüßung in der Parrocchia Santa Margherita ist äußerst warm und herzlich, ich fühle mich sofort wohl bei der Dame, die sich um die Pilgerherberge und die Kirche kümmert. Sie versäumt es auch nicht, mir stolz den Innenraum der Kirche zu zeigen, den sie für eine Hochzeit festlich und blumenreich dekoriert hat. Sie erklärt mir, wo ich den Tante-Emma-Laden finde, zu dem ich rund eine Viertelstunde im Nieselregen laufen muss, und zeigt mir alle relevanten Kochutensilien in der Küche. Meine Nudeln koche ich für mich alleine. Der große Schlafraum, ein halbrunder Raum mit uralten gemörtelten Mauern, erinnert an einen alten Gang oder einen ehemaligen Weinkeller und vermittelt dank einer angenehm warmen Beleuchtung eine mystische und passende Atmosphäre für einen Pilgerweg. Von den rund zehn Matratzen, auf Paletten oder am Boden, ist nur meine belegt. Auch hier wird mir erzählt, dass in der vorigen Nacht alle Matratzen belegt waren.

Tag 18: Sivizzano – Berceto (26,9 km)

Im Regen Richtung Pass

Nach zwei Wochen Sonnenschein muss der Regen ausgerechnet an dem Tag wieder einsetzen, an dem es wunderschön in die Berge geht. Die nette Dame der Parrocchia hat mir empfohlen, die Wegweiser Richtung Bachlauf zu ignorieren und auf der Hauptstraße zu bleiben. Erst erscheint mir dieses Ausweichmanöver zu übertrieben, aber ich muss feststellen, dass die Feldwege schnell wieder aufgeweicht sind und ich meine Schuhe unnötig den Wassermassen aussetzen würde, wenn ich die Hauptstraße verlasse. So gehe ich bis zum Ort Bardone entlang der Asphaltstraße.

Auf dieser Strecke hält im strömenden Regen ein Lieferwagen auf meiner Höhe an und der Fahrer bietet mir an, mich mitzunehmen. Er kann sichtlich nicht begreifen, wieso ich darauf bestehe, im Regen zu Fuß und schwer beladen weiterzugehen statt einfach einzusteigen. Er versichert mir, dass er auf dem Rückweg nach seiner Liefertour nach mir Ausschau halten und sein Angebot dann erneuern wird, falls ich meine Meinung bis dahin geändert habe. Wahrscheinlich wäre ich im späteren Verlauf des Tages tatsächlich eingestiegen, aber leider werden sich unsere Wege nicht mehr kreuzen.

Nach dem Ort Terenzo beginnt der Aufstieg Richtung Passo della Cisa, auf den ich mich seit Beginn meiner Pilgerschaft gefreut habe. Die Via Francigena verlässt die Asphaltstraße und führt einsam auf schmalen Wegen durch grüne Landschaften, wobei die Ausblicke durch den Nebel ziemlich eingeschränkt sind. Auf den ansteigenden Wegen kommen mir Bächlein entgegen, die munter in meine Schuhe laufen. Als ich nach rund drei Kilometern im kleinen Ort Castello di Casola eintreffe, sind meine Füße und trotz Regenschutz auch meine Kleidung nass. Doch mir stehen weitere fünf Kilometer Wegstrecke auf durchweichten

Feldwegen und durch nasse Grasabschnitte bevor, bis ich in Cassio eine offene Bar finde, in der ich einkehre und mir über den weiteren Tagesverlauf Gedanken mache. Ich habe erst rund die Hälfte meiner geplanten Tagesstrecke geschafft, doch meine Motivation ist ähnlich abgekühlt wie meine Körpertemperatur. Bei einer Portion Spaghetti in der Bar, ein Luxus, den ich mir unter günstigeren Umständen nicht gönnen würde, versuche ich unauffällig, meine Habseligkeiten geschickt zum Trocknen auszubreiten. Ich scheue mich auch nicht, eine gefühlte Ewigkeit den Handtrockner auf der Toilette zum Trocknen meiner Kleidung zu missbrauchen. Für meine Schuhe gibt es allerdings wenig Hoffnung.

Ich möchte meine Tagesplanung nicht wegen dem Wetter aufgeben und mache mich schließlich auf den Weg nach Berceto. Mein Pilgerbuch bietet Radfahrern die Alternative, statt der Via Francigena über die Waldwege zu folgen, einfach auf der SS62, der Passstraße, zu bleiben. Nachdem ich in der Beschreibung meines Pilgerbuchs für den Fußweg schon Aussagen wie „mitunter matschiger Feldweg" gelesen habe und jeder Abzweig von der Asphaltstraße auf den ersten Blick ein Garant für nasse Füße ist, entscheide ich, auf der Passstraße zu bleiben. 13 Kilometer Asphaltstraße bringen wenig Pilgerfreude! Aber wann immer die Via Francigena die Hauptstraße kreuzt und mir erneut die Gelegenheit bietet, ihrem Verlauf auf natürlichen Pfaden zu folgen, spricht der durchweichte Zustand der Wege gegen mein Pilgerherz und meine asphaltmüden Füße.

So verpasse ich auch die Abkürzung nach Berceto und gehe auf der Straße einmal um den Ortskern herum. Als ich endlich vor dem Dom stehe, habe ich keinen anderen Wunsch mehr als die klammen Klamotten auszuziehen und mich unter eine heiße Dusche zu stellen. Doch ich muss erst noch den Ort durchqueren und meine etwas abseits gelegene Herberge finden. Das frühere

Seminario überzeugt mit einer ruhigen Atmosphäre, Sauberkeit und einem knappen aber herzlichen Empfang. Die Tatsache, dass ich ein kleines Zimmer mit Doppelbett für mich alleine und sogar mein kleines eigenes Badezimmer habe, lässt meine Stimmung endlich wieder steigen. Nach meiner Dusche, Wäschewaschen und dem Ausbreiten all meiner feuchten Kleidung über Stuhl, Tisch, am Fenster, an der Tür und über das zweite Bett, kommt die Sonne hervor. Ich nutze die Gelegenheit, um mir einen Supermarkt zu suchen, wo ich mir die Zutaten für mein Abendessen zusammensuche, denn das Seminario bietet eine große Küche. Auch scheint mir der verschlafene Ort einen kleinen, gepäck- und regenfreien Rundgang wert.

Im Seminario bin ich wieder einmal der einzige Gast und die harmonische Atmosphäre dieses Ortes kann meine Einsamkeit nicht verdrängen.

Tag 19: Berceto – Pontremoli (27 km)
Neblige Enttäuschung

Trotz der berechtigten Angst, den Tag wieder mit nassen Füßen zu beenden, entscheide ich mich an diesem Morgen gegen die Passstraße und nehme die Waldroute. Das Wetter ist kühl und bewölkt, aber wenigstens regnet es nicht mehr und klart sogar am Vormittag immer mal wieder auf.

Auf den Pfaden durch den Wald kommt mir trotzdem das Wasser in munteren Bächlein entgegen. Auf dem Weg an einem einsam gelegenen Haus vorbei winkt mir eine ältere Dame vom Balkon aus freudig zu. Dies alleine reicht mir als Bestätigung, dem umständlicheren und schwierigeren Originalverlauf der Via Francigena zu folgen, statt wie am Vortag entlang der Hauptstraße mit den Autos zu pilgern.

Trotz der bewölkten Wetterlage ist meine Stimmung an diesem Tag gut und ausgelassen. Auf den Pass freue ich mich seit Beginn meiner Planung und habe sogar einmal mit dem Gedanken gespielt, dort oben eine Nacht wild zu campen. Bei dem feucht-frischen Wetter der letzten Wochen ist dies ausgeschlossen, aber eine merkwürdige Anziehung geht trotzdem von diesem Ort für mich aus.

Doch als ich die Kuppe auf 1.219 Metern erreiche, stehe ich im Nebel, der so dicht ist, dass ich kaum die in Abständen von wenigen Dutzend Metern angebrachten Zeichen der Via Francigena erspähen kann. Von der Beschreibung in meinem Pilgerbuch, die mich von diesem Ort hatte träumen lassen, ist nichts zu erahnen: kein Blick ins Tal, kein angenehmer Wind, keine zirpenden Grillen. Stattdessen beängstigende Stille, ein Gefühl wie in Watte eingehüllt zu sein, Orientierungslosigkeit und Enttäuschung. Merkwürdigerweise keine Angst, nur ein überwältigendes Gefühl von Einsamkeit. Erst als ein eiskalter Wind aufkommt und mich mit starken Böen beinahe aus dem

Gleichgewicht bringt, während ich immer noch nicht weiß, wo ich den Abstieg vom Pass zu beginnen habe, wird mir etwas mulmig. Von Markierung zu Markierung folgend finde ich vorsichtig meinen Weg über den Pass und den Abstieg, der mich zurück in ein Waldgebiet und somit windgeschützt führt.

Kurz darauf erreiche ich den Passo della Cisa auf der asphaltierten Passstraße. Einige hundert Meter vor mir sehe ich eine ganze Gruppe Pilger eine kleine Bar verlassen und entlang der Passstraße weiterziehen. Ich möchte jedoch auch erst einmal in dieser Bar für ein Stück Kuchen und eine heiße Schokolade einkehren. Am Nachbartisch sitzt ein britisches Paar, die die Via Francigena mit dem Auto abfahren. Tatsächlich habe ich unterwegs viele Schilder gesehen, die die Autoroute der Via Francigena begleiten. Auch diese beiden schlagen mir vor, mich im Auto ein Stück mitzunehmen, aber mein Pilgerstolz verbietet mir, auch nur über ein solches Angebot nachzudenken.

Auf dem Weg hinunter ins Tal muss ich einigermaßen improvisieren. Laut meinem Pilgerbuch soll ich hinter der über der Straße gelegenen Kirche weitergehen. Ich steige die Treppen bis zur Kirche hoch und stehe in undurchdringlichem Nebel. Die Strecke erfordert laut der Beschreibung meines Buches Trittsicherheit und ich habe das Gefühl, mein Glück auf dem Passo bereits ausreichend herausgefordert zu haben. So trapse ich wieder einmal entlang der Asphaltstraße den Berg hinunter, den ich am Vortag auf derselben Straße erklommen habe.

Auf dem Weg ins Tal klart das Wetter auf und die Löcher in der Wolkendecke lassen immer mehr Sonnenschein durch. Vielleicht habe ich den Pass zu früh am Tag geplant? An einer Stelle, an der die Via Francigena die Passstraße kreuzt, entscheide ich einen weiteren Versuch, der Originalpilgerstrecke zu folgen und werde dafür mit einem überraschend trockenen und wunderschön ruhigen Weg durch den Wald belohnt.

Nach dem Ort Groppoli muss ich mich zwischen zwei Alternativen entscheiden: der markierten Variante mit einer Furt, die zu durchwaten ist, oder einer „Hochwasseralternative". Der Tag ist mit knapp 30 Kilometern ziemlich sportlich geplant und ich habe ja schon den Pass auf der offiziellen Wegführung erklommen, so dass ich mich für die einfacher scheinende Hochwasseralternative entscheide. Sie bedeutet acht Kilometer Asphaltpilgern entlang der Straße, auf denen ich meinen Gedanken freien Lauf lassen kann. Ich stelle fest, dass auf der Via Francigena für mich noch viel weniger nach Plan läuft als auf meinen Jakobswegen. Momente, auf die ich mich gefreut habe, werden regelmäßig zu Enttäuschungen, dafür gibt es unerwartet auch viele schöne Überraschungen. Ich lerne den Weg zu akzeptieren, wie er sich mir bietet. Auch stelle ich fest, dass ich viel zielorientierter bin, wohl auch da ich auf diesem Weg einen begrenzten Zeitrahmen habe. Außerdem habe ich viel mehr Bedürfnis nach Hause zu kommunizieren. Überhaupt lasse ich auf der Via Francigena dank italienischer SIM Karte mit Internet noch weniger los als bei meinen ersten Pilgerwegen – und das empfinde ich als gut so.

Bei den Ausblicken ins Tal sehe ich mehrmals den Fluss, den ich auf der anderen Strecke wohl hätte durchwaten müssen. Er scheint durch die Regenfälle der letzten Wochen ziemlich angeschwollen und ich frage mich, ob und wie man durch diesen Fluss pilgern kann.

Kurz vor Pontremoli, meinem Tagesziel, gehe ich im Ort Mignegno an einer kleinen verlassen wirkenden Bar vorbei und entscheide spontan, für eine Erfrischung dort einzukehren. Dank der Abkürzungen über die Asphaltabschnitte ist mein Tag kürzer als geplant, gleichzeitig hat mich das Gehen auf Asphalt ermüdet und ich weiß, dass ich noch ein paar Kilometer bis zu meinem Tagesziel vor mir habe.

In Pontremoli habe ich dann noch so viel Energie übrig, dass ich mir mit Rucksack erst einmal ein wenig das Städtchen ansehe. Die Sonne hat sich mittlerweile durchgesetzt und es ist ein warmer und angenehmer Nachmittag. Bald suche ich meine Herberge auf, das Convento Cappucini, ein großes Gebäude neben einer beeindruckenden Kirche mit Padre Pio Statue. Der Empfang ist professionell. Mir wird ein Einzelzimmer in einem langgezogenen Gang zugewiesen. Nach der Einsamkeit der letzten Tage sind hier in dutzenden Einzelzimmern urplötzlich unzählige Pilger anzutreffen. Ich habe die Gruppe eingeholt, die seit Tagen vor mir hergelaufen ist, vier Italiener und acht Franzosen. Beim Warten auf eine freie Dusche und auch beim Abendspaziergang zur Essensbeschaffung durch den Ort komme ich immer wieder mit ihnen ins Gespräch. Ein Pilger der italienischen Gruppe warnt mich vor der Etappe des nächsten Tages, es handele sich um eine gefährliche Strecke entlang der Hauptstraße und es sei ratsam, die ersten 10 Kilometer mit dem Bus zu überspringen. Als derselbe Pilger allerdings erstaunt die Augen aufreißt, weil ich es gewagt habe, der originalen Via Francigena über den Pass statt der Asphaltstraße zu folgen, entscheide ich, seine Warnung für den nächsten Tag nicht weiter zu beachten.

Tag 20: Pontremoli – Virgoletta (22.34 km)
Morast und Kälte…

Der Tag beginnt vielversprechend und sonnig. Den gut gemeinten Ratschlag des Italieners ignorierend mache ich mich zu Fuß und nicht im Bus auf den Weg – und bereue es nicht. Wohl verläuft die Via Francigena entlang der Asphaltstraße, aber an diesem Samstagmorgen herrscht nicht viel Verkehr. Dafür komme ich durch hübsche kleine Ortschaften und später auch auf naturbelassenen Pfaden durch ruhige Wäldchen, in denen Vogelgezwitscher meinen Weg begleitet.

Mein Tagesziel ist mit unter 25 Kilometern endlich einmal wieder entspannt zu erreichen und so schlendere ich mehr als dass ich wandere. Mir ist bewusst, dass meine ideale Tagesetappe zwischen 20 bis 25 Kilometern liegt, aber ich kann das bei der Tagesplanung nicht immer berücksichtigen und bin wegen meines Zeitrahmens eher angehalten, meine Tage zu verlängern statt zu verkürzen. Diese sonnige Etappe aber genieße ich entspannt und mache eine ausgedehnte Pause an einem Hof hinter Migliarina, wo ich eine kleine Bank wie für Pilger gemacht finde.

Doch auch an diesem Tag steht mir mein Via Francigena Abenteuer erst noch bevor. Dass ich mich im hübschen Dorf Filattiera verlaufe, verdanke ich der falschen Beschreibung in meinem Pilgerbuch. Das ist aber nicht weiter tragisch, denn dieses Dorf besteht aus nicht viel mehr als einer Straße, die ich zweimal hoch und runter gehe, bis ich entscheide, der Beschilderung statt meinem Pilgerbuch zu vertrauen.

Hinter Filattiera führt mich der Weg einsam durch den Wald, ein Wegstück, das in meinem Pilgerbuch wenig Beachtung findet, das ich aber als sehr lange und schwierig empfinde. Sicher auch bedingt durch die Tatsache, dass die Waldwege noch immer aufgeweicht und oftmals schwer passierbar sind. An einer Stelle im Wald kann ich keine Via Francigena Schilder mehr entdecken, mein Pilgerbuch gibt überhaupt nichts her und so nehme ich prompt den falschen Abzweig. Ich finde mich einen halben Kilometer später im Wald auf einem morastigen Weg mit tiefen Baggerspuren, die mit dem Weg vor dichtem Baumbewuchs enden. Also umkehren und zurück und den nächsten Abzweig versuchen. Immerhin entdecke ich dort wieder Via Francigena Zeichen! Die mir aber wenig helfen als ich kurze Zeit später eine Passage überwinden muss, wo der Weg aufgrund des Wassers größtenteils weggebrochen ist. Ich rutsche mehrfach ab und finde mich einmal bis zum Knie im Morast versunken. Wie ich ohne meine Walkingstöcke dort herauskommen würde, möchte ich mir nicht vorstellen. Mit Schicht über Schicht von Matsch bedeckt muss ich aussehen wie Golem.

Glücklicherweise finde ich, kurz bevor ich auf eine asphaltierte Straße und somit auf Zivilisation stoße, einen Bach, an dem ich meine Hosenbeine abzippe und gründlich wasche, meine Schuhe vom gröbsten Matsch befreie und die Kleidung an meinem Körper wenigstens notdürftig reinige. Immerhin ist der Tag warm genug, so dass alles recht schnell an meinem Körper trocknet. Die nächsten zwei Furten durchwate ich bewusst ohne die Schuhe auszuziehen, danach sind sie ziemlich matschfrei.

In Filetto, dem nächsten Dorf entlang meines Weges, möchte mich die offizielle Beschilderung der Via Francigena in die komplett andere Richtung als mein Pilgerbuch schicken. Zwar verspricht die neue Route verkehrsärmer zu sein, aber ich habe genug von Pfaden und Waldwegen und entscheide mich, der Strecke laut meinem Pilgerbuch entlang der Asphaltstraße zu folgen. Mir ist nicht bewusst, dass ich so einen großen Bogen laufe um das Städtchen Villafranca in Lunigiana zu erreichen.

Dort mache ich erst einmal Pause in einer Bar. Der Tag hat mir trotz seinen wenigen Kilometern viel abverlangt und wieder einmal spüre ich Heimweh aufkommen. Ich freue mich auf meinen neuen Job, der mich unmittelbar nach meiner Rückkehr daheim erwartet, auf ordentliche, maschinengewaschene Klamotten – und auf meinen Mann und meine Katzen. In Momenten wie diesen frage ich mich ernsthaft, warum ich auf diesem Weg bin.

Villafranca nutze ich, um meine Vorräte aufzustocken. Für den Abend habe ich im nur zwei Kilometer entfernten Dorf Virgoletta ein Bed&Breakfast reserviert und weiß dank meinem Pilgerbuch, dass es dort keine Einkaufsmöglichkeit gibt. So schleppe ich Baguette, Käse, eine Flasche Bier, Jogurt zum Nachtisch und meinen üblichen Tagesvorrat an Müsliriegeln, Bananen und Äpfeln den endlos scheinenden Anstieg bis Virgoletta hoch. Meine Unterkunft liegt in einem alten für die Region typischen Steinhaus. Mein Zimmer hat einen separaten Eingang und ist vom Haupthaus völlig getrennt. Es ist stilecht mit massiven Schränken und einem auf alt getrimmten Doppelbett eingerichtet und die Wände zeigen die alte Bauweise aus dicken Steinbrocken. Aber es ist feucht und kalt. Zu meiner Freude finde ich einen elektrischen Radiator und drehe ihn bis zum Anschlag auf. In einer feucht-warmen Tropenatmosphäre versuche ich, meine Kleidung zu trocknen. Doch trotz der Heizmöglichkeit muss ich alle Schichten an noch trockener Kleidung überziehen, um ohne zu frieren auf dem Bett mein Picknick zu verzehren – während draußen der Nieselregen erneut einsetzt.

Tag 21: Virgoletta – Sarzana (36.25 km)
Als ob alle Elemente gegen mich wären...

Nach einem netten Frühstück hoch oben in der Küche der Besitzer meiner Herberge, ziehe ich schon vor acht Uhr los.

An diesem Tag zeigt mir die Via Francigena schon früh die Zähne. In der Nacht hat es heftig geregnet und gestürmt und der Himmel ist auch am Morgen noch düster bewölkt. Kurz nach Virgoletta gehe ich auf einem natürlichen Weg durch den Wald in einem Bach aus abfließendem Regenwasser, dem ich nicht ausweichen kann, da links und rechts des Pfades dichter Bewuchs den Weg säumt. Nach knapp zwei Kilometern auf diesem Waldweg stehe ich vor abgeknickten Ästen dieser dichten Bäume, die über und über mit weißen Blüten behangen sind. Diese sind wohl durch den Regen zu schwer geworden. Durch die ersten Äste kann ich mir mit Mühe und Not einen Weg bahnen. Bei dem nächsten Hindernis dieser Art muss ich meinen Rucksack abziehen und hinter mir her schleifen, denn mit Rucksack ist kein Durchkommen. Kaum habe ich dieses Hindernis hinter mich gebracht, stehe ich vor der nächsten Wegblockade und sehe endgültig kein Durchkommen mehr, mit oder ohne Rucksack. Vor allem weil ich nicht abschätzen kann, wie es hinter diesen Ästen weitergeht und weil ich bereits zu diesem Zeitpunkt durchnässt, dreckig und mit der guten Laune am Ende bin, entscheide ich umzukehren. Also zurück durch die Blockade, für die ich den Rucksack ausziehen muss, zurück durch die Blockade, durch die ich mich mit Rucksack durchzwängen kann und rund eine halbe Stunde zurück auf dem durchnässten Weg bis zur Asphaltstraße.

An der Hauptstraße angekommen, weiß ich zunächst nicht, ob ich nach rechts oder links abbiegen muss, entscheide mich aber spontan für links. Ein vorbei fahrendes Auto hält auf mein Winken hin an und bestätigt die Richtung. Mir stehen nun rund zehn Kilometer Fußmarsch entlang einer ziemlich befahrenen

Hauptverkehrsstraße bevor, die nicht für Pilger ausgerüstet ist. Spaß ist etwas anders.

In Terrarossa finde ich den Anschluss an die Via Francigena wieder, die mich aber die nächsten Kilometer fast bis Aulla nun offiziell entlang der Hauptverkehrsstraße führt. Kurz vor Aulla verliere ich die Geduld mit dem schlechten Wetter und dem sich stetig verdunkelnden Himmel. Ich entscheide, in der ersten Bar Pause zu machen und bei einer heißen Schokolade den sicher bevorstehenden Regenguss abzuwarten. Doch er kommt nicht, auch wenn der Himmel unheilverkündend wirkt.

Kaum habe ich die Bar allerdings verlassen und bin auf halbem Weg zum Ortskern von Aulla, als sich der lange angekündigte Wolkenbruch über mir ergießt. Innerhalb von Minuten bin ich trotz Regenschutz nass. Innerhalb von Minuten hört das Spektakel aber auch wieder auf. Trotzdem kann ich die Abtei, die Hauptattraktion von Aulla, nicht wirklich wertschätzen, da mir das Wetter mal wieder auf die Stimmung geschlagen ist.

Ab Aulla wird das Wetter besser, mit dem Wolkenbruch scheint sich das vorübergehende Ende der Schlechtwetterfront eingeleitet zu haben. Der Weg geht auf natürlichen Pfaden durch den Wald, relativ steil ansteigend und den Bächlein entgegen, die mir immer wieder die Schuhe durchnässen. Die Ausblicke zurück auf Aulla hinter mir und später auf die Bergdörfer, die manches mal überraschend vor mir auftauchen, wenn ich aus einem Waldstück trete, lohnen die Mühe und die Strapazen. Meine Stimmung beweist sich als stark wetterabhängig: kaum dass sich ein Sonnenstrahl erblicken lässt, beginne ich vor mich hin zu summen, Fotos zu schießen, Pausen zu machen, die Umgebung zu genießen. Kleine Hindernisse wie ein umgestürzter Baum, den ich mühsam übersteigen muss oder ein weiterer zu durchwatender Bach, scheinen plötzlich leicht überwindbar. Als sich die ersten Ausblicke auf das Mittelmeer bieten, weiß ich wieder, warum ich diese Art zu reisen liebe.

Ich erreiche die Ruine des Castello della Brina, wo in früheren Zeiten von den Reisenden Maut kassiert wurde. Heute ist außer einer Hinweistafel und ein paar Steinen nicht mehr viel davon zu sehen. Mein Weg führt im nun strahlenden Sonnenschein durch einen schönen, lockeren Wald, auf weichem Boden. Eine Wohltat für meine Asphalt-geplagten Füße.

Ein weiteres Abenteuer steht mir in Sarzana bevor. Ich habe in einem Bed&Breakfast per Internet reserviert und mir auch den Weg dorthin herausgesucht. Es scheint in einer Nebenstraße am Ortsanfang von Sarzana zu liegen. Die Betreiberin ruft mich über den Tag hinweg mehrfach an um sicherzugehen, dass ich den Weg kenne und lässt sich immer wieder bestätigen, dass ich um 16 Uhr eintreffen werde. Doch als ich um 16 Uhr vor der Tür stehe, macht niemand auf und die alte Farm scheint verlassen, davon abgesehen dass sie verlassen an einer Landstraße circa eine Viertelstunde zu Fuß außerhalb von Sarzana liegt. Mehrfach rufe ich die Betreiberin an und mehrfach verspricht sie mir, sofort alles stehen und liegen zu lassen und sich auf den Weg zu machen. Sie arbeitet im Restaurant ihrer Eltern im Nachbarort und hat es zeitlich nicht geschafft. Nach über einer halben Stunde Wartezeit im Hof dieser Anlage packt mich die Wut und ich beschließe zu verschwinden. Auch dass mir die Betreiberin auf halbem Weg zurück entgegenkommt, mich anspricht, mir sogar das Zimmer zum halben Preis anbietet, kann mich nicht mehr beruhigen. Ich habe nun entschieden, mir im Zentrum von Sarzana eine Herberge zu suchen. Das schöne Bed&Breakfast am Bahnhof hat eine Telefonnummer an der Eingangstür angeschlagen, über die ich nach der Verfügbarkeit von Zimmern frage. Es ist noch ein Zimmer frei, aber der Betreiber muss sich erst auf den Weg machen und es kann eine halbe Stunde dauern.

Als ob ich für das Verschwinden aus der anderen Herberge bestraft werde, warte ich nun eine weitere gefühlte Ewigkeit, bis ich endlich ein wunderschönes, warm eingerichtetes, großzügiges Zimmer beziehen darf. Ein Luxus!

Den lauen Abend in diesem sympathischen Städtchen genieße ich mit Pizza und Bier auf der Terrasse eines Restaurants und einem Eis in der Hand durch Sarzana schlendernd. Die Widrigkeiten des Tages lassen sich dabei schnell vergessen und die Aussicht auf eine geruhsame Nacht in meinem herrlichen Zimmer hebt meine Stimmung wieder deutlich an.

Tag 22: Sarzana – Massa (31.91 km)
Das Loch im Boden –und andere Widrigkeiten

Den Tag beginne ich etwas unausgeschlafen mit einem großzügigen Frühstück in meinem Bed&Breakfast. Ich bin spät am Abend und auch in der Nacht aufgewacht, weil jemand am Eingangstor geklingelt hat und hereingelassen wurde, aber am Morgen ist niemand zu sehen.

Unmittelbar nach Sarzana gibt es einen kurzen aber relativ heftigen Aufstieg zur Burg Castracani. Zwar weiß ich, dass ich nicht kostenlos in die Burg hineinkommen würde, aber einmal drum herum laufen möchte ich doch. Die Ausblicke von dort oben sind aber weniger spektakulär als ich erhofft habe, wobei der mal wieder dunkle Himmel nicht hilft.

An diesem Tag scheint sich die Via Francigena von Vorort zu Vorort zu ziehen und meine Füße sind vom Asphaltpilgern bald müde. In Molicciara komme ich an einem unbenutzten Spielplatz mit Bank vorbei und lasse mich dort für eine Pause nieder. Kaum habe ich mein Tagebuch und meinen Müsliriegel ausgepackt, kommen zwei deutsche Pilger die Via Francigena entlang, was ich deutlich daran erkenne, dass er sie laut fragt: „Kennst Du die da?". Die ersten Pilger seit Pontremoli vor zwei Tagen und die ersten Pilger zum Erfahrungsaustausch seit über einer Woche! Die beiden gesellen sich zu mir auf die Bank, Jörg aus Bremen und Nelli aus Heidelberg haben sich auch erst am Vorabend in Sarzana kennengelernt. Wir ziehen zu dritt weiter und ich genieße die Gemeinschaft und das Quatschen. Nelli und ich haben sogar einen gemeinsamen Bekannten auf dieser unterbevölkerten Pilgerstraße gemacht, nämlich Hans aus Linz, mit dem ich die Nacht in Montale verbracht habe und den ich am nächsten Tag nicht ganz unglücklich verloren habe. Nelli ist mit ihm bis nach Pontremoli gelaufen und ich kann mir ausrechnen, dass er trotz seiner selbstgepriesenen Sportlichkeit auch vier Tage nach unserer Trennung nur einen knappen halben Tag Vorsprung hatte.

Mit Nelli und Jörg gehe ich die nächsten rund zwölf Kilometer bis Avenza, wobei wir viel erzählen, die italienische Pilgergruppe von Pontremoli kreuzen und in optimaler Entfernung eine Bar finden und prompt dort einkehren. Später sehen wir die Steinbrüche von Carrara in der Ferne, wo Marmor abgebaut wird. Sie sehen aus wie schneebedeckt. Die Via Francigena zieht sich den ganzen Tag durch Orte und auf Asphalt und ohne die aufmunternde Begleitung wäre das eine langweilige Strecke.

In Avenza entscheide ich mich trotzdem, die beiden vorlaufen zu lassen. Jörgs Tempo ist mir eindeutig zu schnell, ich habe wieder begonnen, hinter einer Gruppe her zu hetzen und weiß genau, dass mir das nicht guttut. So lege ich eine Pause ein, während die beiden weiterziehen. Außerdem habe ich kurz überlegt, in Avenza die Via Francigena zu verlassen und am Meer entlang zu pilgern, verwerfe den Gedanken aber schnell, da ich mir in Massa ein Bed&Breakfast reserviert habe, das im oberen Teil der Stadt direkt an meinem Weg liegt. Ich müsste also vom Mittelmeer durch die ganze Stadt aufsteigen, um es zu erreichen.

Zu diesem Zeitpunkt weiß ich noch nicht, wie viel Abenteuer ich mir mit dem Weg am Meer erspart hätte. Nach Avenza hat die ausgeschilderte Route der Via Francigena wieder einmal überhaupt nichts mehr mit meinem Pilgerführer zu tun. Der Weg laut meinem Pilgerführer ist nicht ausfindig zu machen. Dafür sind die Markierungen gut und neu, so dass ich entscheide, meinen Pilgerführer wegzupacken und mich auf die Markierungen zu verlassen. Das geht aber nur bis kurz nach Avenza gut. Am Ende eines langen Aufstiegs, bei dem die Asphaltstraße zu einem Schotterweg und schließlich zu einem Fußweg schrumpft, stehe ich in einem zerstörten Bambusfeld. Das Wetter der letzten Tage hat offensichtlich hier gewütet und die Bambusstangen quer über die Via Francigena gedrückt. Es gibt kein Durchkommen. Doch ich kann Fußspuren erkennen, die sich rechts um die Bambusbarriere herum einen Weg gebahnt haben. Diesen folge ich, bis ich vor einem großen Loch im Boden stehe, das wohl vom abfließenden Wasser geformt wurde. Es läuft noch ein kleiner Strom oberhalb des Loches und unterhalb des Loches. Das Loch selbst ist rund einen Meter tief und gerade so breit, dass ich wohl samt Rucksack hinein passen würde, wenn ich fallen würde, aber sicher nie mehr ohne Hilfe heraus kommen würde. Um das Loch herum ein Teppich von abgeknickten Bambusstangen. Halbherzig versuche ich, auf dem Bambus um das Loch herum zu laufen, da ich mich nicht traue, mit Rucksack und ohne Hilfe darüber zu springen. Doch ich sinke sofort bis zum Knie im Bambus ein, die scharfen Stangen reißen mir das Scheinbein auf und schnell ist klar: über das Loch oder zurück nach Avenza. Die Fußspuren zeigen nur über das Loch, offensichtlich sind die Pilger vor mir nicht zurückgegangen. Dann werde ich das auch nicht tun. Wagemutig springe ich über meinen eigenen Schatten und realisiere danach, dass egal was kommt, ich diesen Sprung nicht mehr zurück tun werde.

Mein Weg geht noch abenteuerlicher weiter. Nach einem langen Anstieg auf schmalen, sich windenden Pfaden im hohen Gras erreiche ich ein verlassenes Haus. Noch gibt es rot-weiße Markierungen, die mich sicher glauben lassen, auf dem richtigen Weg zu sein und so nähere ich mich diesem Ort, der in einem Horrorfilm nicht besser hätte dargestellt werden können. Herabhängende Fensterläden vor eingeschlagenen Fenstern, Arbeitsutensilien, die herum stehen als ob man sie gerade erst dort liegen gelassen hätte. Die Via Francigena führt zwischen der Scheune und dem Haus durch, als ob man den Pilgern wirklich den letzten Funken Mut abverlangen will. Die Haustür steht weit offen und lässt den Blick frei in den Wohnraum, wo ein Herd und ein Sofa das Gefühl bestätigen, dass hier vielleicht doch nicht alles so verlassen ist wie man hoffen möchte. So schnell ich kann entferne ich mich von diesem unangenehmen Ort.

Um nur wenige Gehminuten später mitten im Wald vor einer fast nicht erkennbaren Weggabelung zu stehen. Die Via Francigena ist verwachsen und die dornigen Büsche bleiben immer wieder in meiner Haut hängen, während ich den Durchgang erzwinge. An dieser Gabelung führt ein schmaler, dorniger Fußweg nach links, während der Weg nach rechts weniger ausgetreten aber auch mit weniger Gebüsch zugewachsen ist. Ich entschied mich Schienbein-schonend nach rechts zu gehen. Als ich einen Strommast erreiche, weiß ich relativ sicher, dass hier jemand Markierungen angebracht hätte, wenn ich noch auf der Via Francigena unterwegs wäre. Doch es sind keine rot-weiße Markierungen zu sehen und ich entscheide, wenigstens bis zur Weggabelung zurück zu gehen.

Der linke Weg führt mich tatsächlich nicht lange danach auf eine Straße, an der ich endlich wieder die rot-weiße Markierung mit dem schwarzen Pilgersymbol finde und dem Feldweg folge. Dieser schlängelt sich in windenden Schleifen nun unendlich lange über Bergsträßchen durch die Weinberge. Zwischendurch habe ich schöne Ausblicke auf das Mittelmeer und weniger schöne Ausblicke auf Massa, das sich aber trotz angezogenem Tempo nicht zu nähern scheint. Am Nachmittag ist die Sonne hervor gekommen und es wird ungewohnt warm. Ich bin irgendwann soweit, dass ich mich an die Arbeiter in den Weinbergen wende um zu fragen, wie weit es noch sein könnte. Ihre Antwort „wenige Minuten", wobei sie lachend auf ihren Kleinbus zeigen, treibt mir fast Tränen in die Augen. Auch frage ich nach Nelli und Jörg, doch sie sind von niemandem gesichtet worden. Ich frage mich, wie ich auf diesem schwierigen Weg gelandet bin und wie sie ihm entgangen sind…

Fast zweieinhalb Stunden nachdem ich Avenza und meine Begleiter verlassen habe und in denen ich in den wildesten Landschaften umher geirrt bin, erreiche ich den Stadtrand von Massa und mache in der ersten Bar am Weg Pause. Mit Wifi und GPS versuche ich mich zu orientieren. Ich habe noch fast drei Kilometer entlang Hauptverkehrsstraßen vor mir, bis ich endlich mein Bed&Breakfast erreiche.

Dort werde ich für viele der ungeplanten und unschönen Überraschungen des Tages entschädigt. Ich finde ein sehr gepflegtes Haus mit einladendem Garten und kuscheligem Wintergarten vor. Ich werde von der liebenswürdigen Gastgeberin in ein helles, sauberes und großzügiges Zimmer mit hübschem Bad geführt, in das ich mich erst einmal zurückziehe und versuche, den Tag abzustreifen. Zum Abendessen besorge ich mir dank der Wegbeschreibung meiner Gastgeberin eine Pizza und darf diese im Wintergarten essen. Doch auch der entspannte Ausgleich dieses Tages kann meine Stimmung kaum mehr heben und ich bin einigermaßen entschieden, einen solchen Tag nicht mehr durchleben zu wollen. Ich entscheide und plane, die Via Francigena am nächsten Tag vorerst zu verlassen und doch noch ans Mittelmeer zu gehen. Vielleicht wird sich dort eine mögliche Fortsetzung dieses Abenteuers finden lassen.

Tag 23: Massa – Pietrasanta (20,6 km)
Mein Tag am Meer mit wichtigen Begegnungen

Nach einem ausgiebigen Frühstück im Wintergarten und angeregter Unterhaltung mit meiner sympathischen Gastgeberin ziehe ich entspannt los. So schnurgerade wie möglich gehe ich zum Mittelmeer und hoffe, meiner Motivation mit einem Tag am Strand und Salzwasser Schwung zu geben.

Die Strandpromenade scheint verlassen. Meistens ist der Zugang zum Strand und zum Meer nur für Gäste der Strandbar oder des Schwimmbads erlaubt, doch es ist selten überhaupt jemand zu sehen und niemand scheint zu kontrollieren. So schleiche ich mich bei jeder noch so kleinen Gelegenheit ans Meer, laufe am Strand entlang, setze mich mit meiner Erste-Hilfe-Decke in den Sand und versuche herauszufinden, wie und ob ich weitermachen möchte.

Während einer meiner Pausen läuft ein junger Mann mit schwerem Rucksack an mir vorbei. Wir nicken uns mit einem „Ciao" zu. Ich kann mir schwer vorstellen, dass ein anderer Via Francigena Pilger hier unten am Meer rumpilgert, während die Route doch oben in den Bergen verläuft. Ich gehe davon aus, dass dieser junge Mann entweder ein Wanderer entlang der Küste ist oder einfach ein Landstreicher. Nur rund 20 Meter weiter lässt er sich nieder und beginnt, seinen Rucksack auszuräumen, um sich einen Kaffee zu kochen, womit er mich stark an Dominique, den Vollzeitpilger erinnert, den ich in der Schweiz getroffen hatte. Trotzdem entscheide ich, eine direkte Begegnung mit ihm zu vermeiden. Zu diesem Zeitpunkt würde ich wahrscheinlich eher einem Landstreicher entlang der Küste folgen als auf die Via Francigena zurückzukehren.

Mein Weg ist ruhig und entspannt. Zwar kann ich wegen Bauarbeiten und Absperrungen fast nie wirklich an der Wasserlinie am Strand entlang gehen und muss immer wieder auf die Strandpromenade entlang der Hauptstraße ausweichen, aber ich nutze jeden Pfad zum Meer und für eine Pause im Sand.

Auf der Strandpromenade überhole ich flotten Schrittes eine ältere Dame. Sie hält mich an und stellt mir all die typischen Fragen, woher ich komme, seit wann ich unterwegs bin, wie es ist alleine zu pilgern, ob ich wirklich bis Rom gehen will. Ich gebe bereitwillig Auskunft und mir wird dabei endlich wieder bewusst, wie außergewöhnlich es ist, ein solches Abenteuer erleben zu dürfen. Mit Tränen in den Augen erzählt mir die Dame, dass sie immer von einem solchen Abenteuer geträumt habe, doch nie den Mut aufbringen konnte und jetzt sei sie körperlich nicht mehr in der Lage. Mit einem Kloß im Hals biege ich an der nächsten Möglichkeit wieder nach rechts zum Meer ab, um diese wiedergewonnen Erkenntnis in meinem Tagebuch festzuhalten. Die Dame folgt mir, holt mich auf meiner Decke sitzend ein und hält mir einen 10€ Schein entgegen: „Für einen Kaffee, wenn der Weg zu schwer wird." Ich danke ihr, lehne aber das Geld ab. Ich erkläre ihr, dass ich genug Geld habe und wenn sie denn etwas Gutes tun möchte, solle sie das Geld besser für eine gute Sache spenden. Doch sie besteht darauf, dass ich ihre Gabe annehme, drückt mir den Schein in die Hand, rollt meine Finger darum und flüstert: „Vielleicht zündest Du eine Kerze in Rom für mich an." – Nun stand fest: Ich würde nach Rom gehen.

Als die Strandpromenade die Straße kreuzt, die mich nach Pietrasanta und somit zurück zur Via Francigena führt, kehre ich in einem touristischen Restaurant ein und gönne mir eine Portion Pasta. Für die letzten Stunden bin ich Tourist in Pilgerkleidung gewesen, nun werde ich mich von dieser Freiheit verabschieden und die Rolle des Pilgers wieder ernster nehmen. Der Anstieg nach Pietrasanta fühlt sich richtig an und als ich in der Casa Diocesana la Rocca ankomme, die eine Art Konvent ist, und dort von einer jungen Nonne in einen kleinen Schlafraum mit vier

Etagenbetten geführt werde, bin ich wieder mit ganzem Herzen Pilger.

Den krönenden Abschluss des Tages macht der junge Mann vom Strand, der ebenfalls in der Pilgerherberge eincheckt und sich als Hannes aus Berlin vorstellt. Später kommt noch sein Cousin David dazu. Er ist der Via Francigena über die Berge gefolgt und erzählt haarsträubende Geschichten von Markierungen, die im Kreis führen und von Straßenabschnitten, die vom Regen der letzten Wochen weggespült waren und die man nur auf abenteuerlichste Weise überwinden konnte. Auch die acht Franzosen, mit denen ich bereits die Nacht in Pontremoli verbracht habe, kehren in diesem Konvent ein. Sie haben einen separaten Schlafraum bekommen, erzählen aber beim Wäscheaufhängen im Garten im strahlenden Sonnenschein des späten Nachmittags ähnliche Erlebnisse des Tages.

Die 10€, die ich von der Dame bekommen habe, investiere ich noch am selben Abend in eine Flasche Rotwein, die ich mit Hannes und David auf dem Stück Rasen vor unserem Schlafraum teile und endlich wieder Pilgergemeinschaft und Gespräche erlebe, wie ich sie auf den Jakobswegen genossen habe.

Tag 24: Pietrasanta – Ponte S. Pietro (30 km)
Wiedersehen

Der Abend mit den beiden jungen Deutschen hat mir gut getan und meine Stimmung an diesem sonnigen Morgen ist wesentlich besser als die letzten Tage.

Der Weg aus Pietrasanta heraus verläuft lange auf Asphalt entlang einer Straße. Trotzdem genieße ich ihn, die Ausblicke in die immer toskanischer anmutende Landschaft gefallen mir gut. Der Sonnenschein lässt die grünen Hügel und die Bäume und Felder leuchten. Von der Straße werde ich bald auf kleineren Wegen durch Ortschaften und entlang ruhig gelegener Höfe geführt.

Nach einer guten Stunde Asphaltpilgern kann ich die Straße verlassen und marschiere auf einem natürlichen Pfad entlang des Baches Lucese. Am Flussrand gönne ich mir eine ausgedehnte Pause und genieße die herrliche Ruhe, das Plätschern des Wassers und die Vögel um mich herum. Die parallel verlaufende Hauptstraße versuche ich dabei auszublenden.

Als ich mich kurz darauf dem Ort Camaiore nähere, überhole ich eine Schulklasse, die wohl auf Wandertag sind. Die etwa sechsjährigen Schüler starren mich mit unverhohlenem Interesse an und im Vorbeigehen höre ich, wie die Lehrerin erklärt, ich sei sicher eine Pellegrina aus einem anderen Land. Durch diese inoffizielle Präsentation ermutigt, bleibe ich stehen und stelle mich und meine Pilgerschaft mit meinen stockenden Italienischkenntnissen vor. Die Kinder sind begeistert und ich fühle förmlich, wie sich der Gedanke in dem ein oder anderen Kinderkopf formt: „Das will ich auch einmal machen".

In Camariore verlaufe ich mich natürlich prompt wieder, nutze diesen Ort aber als Einkaufsmöglichkeit und kümmere mich nicht um die Extrameter.

Nach Camariore geht mein Via Francigena Abenteuer in eine neue Runde. Mein Pilgerbuch sagt deutlich, dass ich am Ende der Straße aus dem Ort heraus rechts auf der Hauptstraße bleiben soll, auch wenn diese keinen Gehweg bietet. Die nagelneue Beschilderung der Via Francigena führt mich an der Stelle aber klar geradeaus, auf die andere Seite des bekannten Flusses und auf ruhige Nebenstraßen. Nachdem mich mein Pilgerführer ja im Ort schon im Stich gelassen hat, entscheide ich an diesem Punkt wieder einmal, ihn wegzupacken und der Beschilderung zu folgen. Aus der Nebenstraße wird bald ein natürlicher Fußweg und die Beschilderung immer spärlicher. Irgendwann befinde ich mich in einem Wald und obwohl ich das Gehen auf diesem Waldweg genieße, belastet mich die Unsicherheit. Als mir Nelli und Jörg, meine zwei deutschen Pilger von vor zwei Tagen entgegenkommen, weiß ich immerhin, dass ich auf der richtigen Route bin. Nach der ersten großen Wiedersehensfreude ist schnell klar: entweder ich oder die beiden gehen in die falsche Richtung! Ich bin mir zwar nicht sicher gewesen noch auf der richtigen Route zu sein, aber dass ich in die falsche Richtung gelaufen sei, scheint mir ausgeschlossen. Nelli und Jörgs Unsicherheit ist noch größer als meine, so entscheiden wir, in meine Richtung weiterzugehen und erreichen ein Dorf, in dem man uns die Richtung bestätigt. Zusammen erklimmen wir den überraschend steilen Anstieg nach Montemagno und gönnen uns dort in der ersten Bar eine Erfrischungspause, während der wir uns über die letzten Tage austauschen. Nelli und Jörg sind nach unserer Trennung auch über das Loch im Boden gesprungen, haben sich danach aber total verlaufen, was erklärt, dass niemand sie auf meiner Strecke gesehen hat. Sie sind am Vortag von Massa bis Camaiore gelaufen und berichten ebenfalls von einer sehr problematischen Strecke zwischen Massa und Pietrasanta, die ich mir glücklicherweise nicht angetan habe.

Hätten sie sich nicht an diesem Morgen streng an denselben Pilgerführer wie meinen gehalten und sich dabei hoffnungslos verlaufen, wären wir uns wohl nicht mehr begegnet.

Nach einigen Kilometern Asphaltpilgern entlang einer verkehrsreichen Straße sind wir froh, als die Via Francigena nach rechts in den Wald abbiegt. Die Freude ist nur von kurzer Dauer, denn es handelt sich lediglich um eine Abkürzung, die uns bald wieder auf die Hauptstraße und auf dieser weiter führt. Wenn die Via Francigena uns über natürliche Waldwege führt, sind diese matschig und an einer Stelle kommen vor allem Nelli und ich auf großen, nassen Steinblöcken immer wieder gefährlich ins Rutschen. So ist man weder froh über die Asphaltstrecken, bei denen mir die Füße wehtun, noch über die natürlichen Strecken, die aufgrund des ausgiebigen Regens der letzten Wochen schwer passierbar sind.

Mir macht schnell das Tempo der Gruppe wieder zu schaffen und in einer Straßenkurve muss ich mich gegen die beiden durchsetzen und eine ungemütliche Pause auf einer kleinen Steinmauer einlegen.

Ich bin zumindest froh, als ich nach einem anstrengenden Tag endlich im kleinen Ort Ponte S. Pietro die familiäre Pension erreiche, in der ich ein Einzelzimmer reserviert habe. Nelli und Jörg möchten noch knapp sechs Kilometer nach Lucca weitergehen. Ich würde das nicht mehr schaffen, würde vor allem die Stadt dann nicht mehr genießen und es kommt mir auch ganz gelegen, mich vorerst von der Gruppe wieder zu trennen. Trotzdem überqueren wir erst einmal noch gemeinsam die Brücke über den Fluss Serchio, um auf der anderen Seite unser Feierabend-Bier zu trinken.

Mein Abend alleine in Ponte S. Pietro besteht aus nicht viel mehr als einer Pizza in einem Restaurant, wo ich der einzige frühe Gast bin und einem frühen Schlaf.

Ich hoffe, Nelli und Jörg am nächsten Tag für einen geselligen Abend wiederzutreffen, nehme mir aber vor, über den Tag alleine zu laufen.

Tag 25: Ponto S. Pietro – Altopascio (25.78 km)
In Pilgergesellschaft

Unter einem wolkenverhangenen Himmel starte ich meinen Tag mit der erneuten Überquerung der Brücke über den Fluss Serchio. Unmittelbar nach der Brücke darf ich die Hauptstraße nach links verlassen und direkt am Flussufer entlang auf einem natürlichen Weg wandern. Der Tag beginnt angenehm!

Laut meinem Pilgerbuch soll ich diesen Weg nach 3.5 km an einem Wohnmobilstellplatz nach rechts verlassen. Ich hatte im Internet gelesen, dass die Besitzerin des Wohnmobilstellplatzes auch Pilger mit Zelt aufnimmt und hatte diese Möglichkeit in Betracht gezogen und dann aufgrund des instabilen Wetters wieder verworfen. Nach, wie mir mein GPS bestätigt, exakt 3.5 km stößt mein Fußweg an einer Brücke auf eine Asphaltstraße, von einem Wohnmobilstellplatz ist nichts zu sehen. Es gibt auch keine Via Francigena Markierung, die nach rechts zeigt und so entscheide ich geradeaus weiterzugehen, obwohl mein intuitives Gefühl mich nach rechts schickt. Wenige Hundert Meter weiter stehe ich dann vor einem Wohnmobilstellplatz, der mir allerdings sehr heruntergekommen aussieht. Ich betrete den Platz, auf dem alte Wohnwägen und verwahrloste Holzhütten wild durcheinander gewürfelt stehen und suche nach einer Markierung oder wenigstens einem klar erkennbaren Weg. Hundegebell ertönt von allen Seiten und die ersten Kläffer scharren sich um mich und nähern sich gefährlich meinen Waden. Dreckige Kinder starren mich aus halb offenen Türen und verwilderten Gärtchen vor den Holzhütten neugierig an. Ein kleines Mädchen nähert sich mir und fragt mich, ob ich Skifahren würde. „Na, weil Du doch Skistöcke dabei hast!". Hier sind offensichtlich noch nicht viele Pilger durchgegangen und ganz sicher befinde ich mich nicht mehr auf Via Francigena! Fluchtartig und mit den Stöcken zur Hundeabwehr hinter mir wedelnd verlasse ich den „Wohnmobilabstellplatz" und rette mich zurück auf die Asphaltstraße. Nach Blick auf meine Karte entscheide ich, nun doch der asphaltierten Straße an der Kreuzung zu folgen, notfalls werde ich auf dieser bis Lucca gehen können, auch ohne die Via Francigena wiederzufinden.

Kaum habe ich die erste Kurve der Asphaltstraße umrundet, stehe ich vor einem sauberen, gepflegten Wohnmobilstellplatz und einem großen Via Francigena Schild. Beides ist vom Fluss aus unmöglich zu sehen. Ich werde mir später von Nelli und Jörg berichten lassen, dass auch sie am Vorabend, im Halbdunkel nach unserem Feierabend-Bier, den gleichen Fehler gemacht haben. Sie haben sich allerdings nicht so schnell entmutigen lassen und sind tapfer über den ersten Platz gelaufen, über einen Hügel, immer Richtung Lucca, um sich nach einem weiteren Hügel inmitten eines unüberschaubar großen Zigeunercamps wiederzufinden, das sie so schnell wie möglich und ohne rechts und links zu schauen durchquert haben.

In leichtem Nieselregen erreiche ich Lucca und lasse mir in der Touristeninformation einen Stadtplan geben und meinen Pilgerausweis abstempeln. Kurz komme ich mit zwei Amerikanerinnen ins Gespräch, die sich mit großen Augen meine Antworten auf die üblichen Fragen des Woher, Wohin, Wie lange und „ganz alleine?" anhören. Als sie mich kurz darauf in Lucca in einem Straßencafé sitzen sehen, fragen sie mich, ob sie ein Foto von mir machen dürfen. Das ist mir bisher noch nicht oft auf meinen Pilgerwegen passiert, aber ich posiere gerne, in der Hoffnung, anderen Menschen das Pilgern nahezubringen.

Aus Lucca heraus folge ich wieder einmal ausschließlich der Beschilderung, die auch hier nichts mit der Beschreibung meines Pilgerbuches gemein hat. Trotzdem komme ich am Kloster S. Gemma vorbei, dessen hohe Mauern und heller Anstrich mich magisch anziehen. Ich betrete die große helle Kapelle, in der der

Körper der S. Gemma in einem Glassarg ausgestellt ist und frage mich, was ich dort zu suchen habe. Schnell befinde ich mich wieder auf der Hauptstraße und setze meinen Weg fort.

Den ganzen Tag scheint die Via Francigena über Asphalt zu führen, von einem Dorf ins nächste. Trotz dem relativ akzeptablen Wetter, das mich seit Lucca mit Regen verschont, bin ich nicht aus ganzem Herzen bei der Sache. So bin ich froh, als ich kurz vor Porcari, auf dem letzten Drittel der Tagesetappe und pünktlich zur Mittagspause, Nelli und Jörg einhole. Zusammen steigen wir die Stufen zur Kirche von Porcari hoch, erkunden mehr oder weniger interessiert das Innere der Kirche um dann ausgelassen auf den Stufen vor der Kirche zu pausieren. Nelli hat Kirschen dabei und wir vertreiben uns die Zeit mit Kirschstein-Weit-und-Hoch-Spucken, was vielleicht nicht pilgerbesinnlich vor einer Kirche sein mag, aber Riesenspaß macht.

Zusammen ziehen wir weiter und können kurz nach dem Dorf Turchetto endlich die Hauptstraße verlassen und auf einen Feldweg wechseln. Dieser führt uns an der verfallenen Ruine des Klosters Abbadia di Pozzeveri vorbei. Wir sehen Hinweise, dass das Gebäude restauriert werden soll, eine Absperrung, vereinzelte Leitern und Werkzeuge, aber viel scheint bisher nicht passiert zu sein, obwohl unser Pilgerbuch die Renovierung ab Sommer 2011 ankündigt. Ich träume davon, ein solches Gebäude herzurichten: die abgeschiedene Lage, die Schönheit der Umgebung, das geschichtsträchtige Kloster, in dem seit dem zehnten Jahrhundert Pilger nach Rom untergekommen waren, hätte das Potential, eine Pflicht-Station für Pilger ähnlich wie Conques in Frankreich zu werden.

In Altopascio angekommen, suchen wir die Touristeninformation, von der uns eine hilfsbereite Mitarbeiterin den Weg zur Pilgerherberge im Gemeindehaus zeigt und uns den Schlüssel für das Gebäude überreicht. Wir belegen die Herberge zu dritt und suchen uns auf den quietschenden Metallgestellen die am wenigsten durchgelegenen Matratzen aus. Auf diesen schlafen wir nach einem lustigen Abend in Altopascio und vor allem nach dem gemeinsamen Leeren einer Flasche Rotwein, mit durchgesägten Plastikflaschen als Becher, himmlisch.

Tag 26: Altopascio – San Miniato Basso (25.7 km)
Der Tote nebenan

Ich breche vor Nelli und Jörg alleine auf. Kurz nach Altopascio verläuft die Via Francigena auf der alten Römerstraße. Das Pilgern auf uraltem Kopfsteinpflaster finde ich inspirierend und stelle mir immer wieder fasziniert vor, wie viele Menschen aus den unterschiedlichen Gründen seit Jahrhunderten über diese Steine pilgern. Das Wetter hilft meiner Stimmung an diesem Morgen mit zaghaften Sonnenstrahlen, die langsam die Wolkendecke aufbrechen.

Im Dorf Galleno mache ich, wie in meinem Pilgerbuch angewiesen, Halt im Zeitschriftenladen, lasse mir einen Stempel geben und trage mich ins Pilgerbuch ein. Allerdings scheint mir der Besitzer des Ladens nicht sehr angetan von der Tatsache, dass wohl jeder deutscher Pilger mit gelbem Pilgerbuch bei ihm ohne Kaufabsicht hereinschneit.

Mein Weg führt auf Feldwegen fußschonend aber mit Anstiegen durch eine interessante grüne Landschaft. Die Büsche und Bäume am Wegrand sind gerade so hoch, dass man nicht über sie hinweg sehen kann, aber doch nie hoch genug, um sie als Wald zu bezeichnen. Der Weg ist steinig und teilweise sandig und auch das ist für mich neu. Auf dem Wegenetz durch diese Heide höre ich Pferdegetrappel und Stimmen, sehen kann ich den wilden Jockey auf seinem Rennwagen erst als er unmittelbar hinter mir auftaucht. Er hält sein Gefährt auf meiner Höhe an und verwickelt mich in ein Gespräch und obwohl seine Fragen die üblichen sind und sein Interesse überdurchschnittlich scheint, ist mir unwohl zumute. Ich bin froh, als er sein Pferd zur Weiterfahrt antreibt und an der nächsten Gabelung nach rechts abbiegt, während mein Weg mich nach links weiterführt.

An ein Eisentor inmitten dieser Wildnis gelehnt mache ich Pause und genieße die friedliche Atmosphäre, die Sonne und in den Bäumen die Vögel, in der Nähe ein Kuckuck und weiter entfernt ein Hahn. Kein Mensch zu sehen, kein Lärm unserer Zivilisation zu hören. Momente wie dieser werden mich immer wieder auf Wanderschaft ziehen. So sehr ich mich auf den bevorstehenden Abend mit Nelli und Jörg freue, realisiere ich doch aufs Neue, dass das Alleine-Laufen elementarer Bestandteil meiner Pilgerschaft bleiben muss.

Kurz nach meiner Pause erreiche ich eine Asphaltstraße, der ich bis Ponte A Cappiano folge. Die Gegend entspricht immer mehr dem Bild der Toskana mit hohen Zypressen am Wegrand, grünen hügeligen Landschaften und blauem Himmel mit kleinen Schafswolken. Den kleinen Ort Ponte A Cappiano lasse ich schnell hinter mir, obwohl er mir spontan gefällt. Doch der natürliche Weg auf dem Damm entlang des Flusses ist zu einladend. An diesem mache ich noch mit Blick zurück auf den Ort mitten auf der Wiese Pause. Meine Erste-Hilfe-Decke ist der beste Tipp, den meine Pilgerbücher je hergegeben haben: aus nur ein paar Gramm Gewicht falte ich mir bei jeder Gelegenheit eine Sitzmöglichkeit und kann so auch auf einer noch leicht feuchten Wiese bequem Platz nehmen und die traumhafte Gegend um mich herum genießen. Prompt werde ich von einem deutschen Pilgerpaar eingeholt und Susi und Günter aus Berlin machen spontan ein Bild von mir.

Ich erreiche den Ort Fucecchio mit einer merkwürdigen Begegnung. Am Straßenrand sitzt eine Frau in ihren Fünfzigern breitbeinig auf einer Art Schemel und hat zwischen ihren Beinen ein kleines Feuer angezündet. Sie scheint meinen interessierten und verwunderten Blicken feindselig zu begegnen und ich gehe schnell an ihr vorbei. Erst am Abend werde ich darüber aufgeklärt, dass wohl dieselbe Frau ihre Chancen bei Jörg versucht hat, trotz Nelli und noch viel später wird mir erzählt, dass in Italien ein brennendes Feuer eine klare Einladung von Prostituierten an interessierte Kunden ist.

Unbelastet davon mache ich im Ortskern in einem sympathischen Café Pause mit einer heißen, dickflüssigen Schokolade. Es ist ein großartiger Tag mit vielen Pausen, entspanntem Laufen in der Natur und interessanten Begegnungen, der mein Heimweh und die Melancholie, mit der meine erste Pilgerschaft immer wieder in Gedanken vor mir auftaucht, nicht rechtfertigen kann.

Auf den laut Pilgerbuch letzten fünf Kilometern zum Tagesziel überquere ich den Fluss Arno und folge der Beschilderung der Via Francigena, die parallel zu seinem Ufer verläuft. Ich begegne dem deutschen Paar Susi und Günter nochmals und auch sie pilgern mit demselben Pilgerbuch wie ich. Sie teilen zwar nicht alle meine negativen Erfahrungen mit den Wegbeschreibungen, sind aber auch schon das ein oder andere mal ins Stutzen geraten. Da es noch früh ist und ich eine Zeitlang auf Nelli und Jörg warten möchte, mache ich eine letzte Pause. Die beiden sind aber noch lange aber nicht zu sehen und so bin ich vor San Miniato Basso auf mich alleine gestellt, als mich die Wegbeschreibung erneut im Stich lässt und die Beschilderung vollkommen irrsinnig erscheint. Da die Beschilderung immerhin von der viel befahrenen Hauptstraße weg führt, folge ich dieser, obwohl ich von Beginn das Gefühl habe, mir damit einen gewaltigen Umweg einzuhandeln. Knapp drei Kilometer Umweg werden es sein, bis ich endlich in San Miniato Basso eintreffe und mich zur Misericordia durchfrage. Ich erreiche die Misericordia von der Rückseite und finde direkt die Tür mit großem Pilgerzeichen, allerdings verschlossen. Ohne zu ahnen, dass es sich bei dieser Misericordia um eine Art Krankenhaus handelt, spreche ich die erste Gruppe von Menschen an und frage, wer mir wohl die Tür zur Pilgerherberge aufschließen könnte. Doch die Männer sehen mich nur verständnislos aus trüben Augen an und als sie sich wieder dem Nebenraum zuwenden, bemerke ich, dass dort um einen offenen Sarg mehrere weinende Frauen Totenwache halten. Diese Totenwache wird die ganze Nacht über aufrecht gehalten und wir sehen die Gruppe Trauernder auch am nächsten Morgen noch.

Ohne fremde Hilfe finde ich schließlich den Vordereingang der Misericordia, stelle mich am Empfang des Krankenhauses vor und werde vom Krankenhaus-Seelsorger zur Pilgerherberge zurück gebracht und mit dem Schlüssel ausgestattet.

Nelli und Jörg treffen nach meiner Dusche und Wäschewasche ein. Die drei eng zusammengestellten Etagenbetten in dem kleinen Raum sind alle belegt, aber als wir zum Abendessen aufbrechen, haben wir die anderen drei Pilger noch nicht gesehen. In San Miniato Basso gibt es keine große Auswahl an Restaurants, aber ein typisch italienisches Angebot in der einzigen Bar vor Ort: wir zahlen fünf Euro für unser Bier, was enorm erscheint, dürfen uns dafür aber uneingeschränkt am Snackbuffet bedienen. Für mich als Vegetarierin ist die Auswahl beschränkt, aber Jörg und Nelli lassen es sich mit Tapas auf italienische Art gutgehen.

Nach einem lustigen Abend mit Restaurantbesuch, Bier und Wein erreichen wir die Herberge in ausgelassener Verfassung gegen 22 Uhr. Es brennt kein Licht und als wir die einzige Deckenbeleuchtung direkt über den Betten anmachen, stellen wir fest, dass die drei anderen Pilger bereits in ihren Schlafsäcken liegen und uns aus lichtempfindlichen Augen missmutig beobachten. So leise wie möglich beeilen wir uns, ebenfalls in die Schlafsäcke zu kommen und das Licht zu löschen.

Tag 27: San Miniato Basso – Gambassi Terme (28.5 km)
In Hagel, Blitz und Donner

Sehr früh am Morgen werde ich von Licht, Plastiktütengeraschel und Stimmen geweckt, obwohl meine Ohrstöpsel in der Regel dicht genug sind, um mir einen ungestörten Schlaf zu versichern. Zwei der Pilger sind bereits aufgebrochen, als wir uns aus den Schlafsäcken schälen, der dritte Pilger stellte sich als Jean-Pierre vor und versichert uns, dass wir am Abend nur wenige Minuten nachdem die anderen beiden das Licht gelöscht hatten, aufgetaucht waren und wir sie somit sicherlich nicht aus dem Tiefschlaf gerissen haben, wie ihre leidenden Mienen uns hatten vorspielen wollen. Er beschwert sich hingegen über das unsoziale Verhalten der beiden am Morgen, die es seiner Meinung nach bewusst darauf angelegt haben, uns mit Licht und Lärm zu wecken. Jean-Pierre, ein Franzose im Rentenalter, ist auf dem Weg von Dijon über Florenz nach Assisi, hat dabei die Via Francigena gestreift aber seine letzte Nacht auf ihr verbracht. Wir werden ihm nicht wieder begegnen.

Nach dem gemeinsamen Frühstück mit Nelli und Jörg im Nachbarort, San Miniato Alto, mache ich mich alleine auf den Weg, wieder einmal spüre ich vor meinen Mitpilgern das Bedürfnis aufzubrechen und den Tag zu beginnen.

Einige Kilometer verläuft die Via Francigena entlang einer Asphaltstraße und ich bin froh, nach knapp zwei Stunden endlich auf einen Feldweg abbiegen zu können. Der Tag hat schon trübe und grau begonnen und wie zu erwarten setzt der Regen ein, als ich den nicht-asphaltierten und somit lehmigen und matschigen Teil des Weges einschlage. Schnell entwickelt sich aus vereinzelten Tropfen ein Regenguss! Einige Hundert Meter vor mir kann ich im Regen eine Baustelle vor den Gemäuern eines alten Hauses ausmachen, auf der an diesem Samstag Morgen niemand arbeitet. Ich eile auf diese zu, in der Hoffnung, in einer der Baustellenhütten Unterschlupf zu finden. Ich bin nicht die Erste mit dieser Idee: Susi und Günter, das Pilgerpaar aus Berlin, stehen bereits tropfend unter dem Wellblechdach und helfen mir aus dem triefenden Regenponcho. Sie haben die letzte Nacht in San Miniato Alto in einer Pension verbracht. Eine ganze Weile verbringen wir dort zusammen, plaudernd, vor dem prasselnden Regen geschützt.

Doch als der Regen nachlässt, zieht es mich weiter und bald sehe ich auch Susi und Günter hinter mir aufbrechen. Wir kämpfen uns rutschige Abhänge auf völlig durchweichten Feldwegen hinauf und des Öfteren stecke ich knöcheltief im Matsch fest. Abgesehen davon, dass diese Art der Fortbewegung extrem anstrengend ist und ich das Gefühl habe, jeden Schritt doppelt zu machen, weil man mit jedem Schritt nach vorne gleichzeitig ein Stück zurück rutscht, macht es einfach überhaupt keinen Spaß mit nassen, klebrigen Füssen bei kühlen Temperaturen durch eine nebelige Landschaft zu ziehen. Die Abstiege bergen dazu noch die unausweichliche Gefahr auszurutschen und mit all seinem Hab und Gut im Matsch zu sitzen.

Zu dem Regen gesellt sich von fern ein grummelnder Donner und meine Stimmung sinkt in den Keller. Dabei hätte dieser Tag durch unberührte Landschaften der Toskana, die selten durch ein Dorf (und noch seltener eine Bar) unterbrochen werden, wunderschön sein können. Im diesigen Regenvorhang kann ich die Olivenhaine und Weinberge erahnen, auf die man bei schönem Wetter sicher unbeschreiblich weite Ausblicke hat.

Ich bin froh, endlich das Dorf Coiano zu erreichen. Zwar steht in meinem Pilgerführer deutlich, dass die Kirche alt und geschichtsträchtig aber nicht zugänglich ist, trotzdem möchte ich versuchen wenigstens einen trockenen Unterschlupf für die längst überfällige Pause zu finden. Der Platz vor der Kirche lädt mit Tischen und Bänken zu einem Picknick ein, aber der Nieselregen verdirbt mir die Lust daran. Ich setze meinen Weg ohne Pause fort. Nicht lange nach dem Ort komme ich auf meinem Feldweg an einem verlassenen rustikalen und im Verfall befindlichen Bauernhaus vorbei. Da der Regen wieder stärker wird und ich die Pause nötig habe, entscheide ich, dort Unterschlupf zu suchen, obwohl mir das alte Gebäude nicht sehr geheuer ist. Über Schutt und herumliegende Holzbalken bahne ich mir den Weg zu einer türartigen Öffnung und finde dahinter einen großen, sicher aussehenden und vor allem trockenen Raum vor. Von diesem gehen mehrere Durchgänge zu anderen Räumen, die ich nicht erkunden möchte, vor allem weil ich Angst habe, dass das ganze marode Gebäude über mir zusammenstürzt. Ich entledige mich meinen nassen Regensachen, setze mich auf einen Holzbalken und esse, im durchziehenden Wind frierend, schnell einen Müsliriegel. Ich fühle mich unwohl und nicht alleine. Um diesem Gefühl auf den Grund zu gehen, entschließe ich mich nun doch auf Erkundung zu gehen und wenigstens einen kurzen Blick in die angrenzenden Räume zu werfen. Direkt im ersten großen Raum links von mir, der wie ein Stall mit hüfthohen Abtrennungen unterteilt ist, glaube ich, im Halbdunkel in der hintersten Ecke einen Rucksack stehen zu sehen. Obwohl mein Verstand mich beruhigen möchte, dass es sicher nur ein anderer Pilger sei, der hier Unterschlupf findet oder vielleicht sogar Hans aus Linz, der hier übernachtet hat und nun den Regen hier aussitzt, nimmt die Angst Überhand und so schnell und leise wie ich kann packe ich meine Sachen und verlasse diesen unheimlichen Ort.

Der Regen hat sich vorübergehend beruhigt. Auf dem gewundenen Feldweg kann ich weder vor noch hinter mir andere Pilger erspähen und fühle mich etwas verloren. Die nächsten drei

Kilometer werden die schlimmste Zeit meiner bisherigen Pilgererfahrung. Kaum habe ich den Hof ein Stück hinter mir gelassen, setzt der Regen wieder ein und der Donner wird lauter und regelmäßiger. Mit Jörg hatte ich am Vorabend darüber theorisiert, wie man sich zu verhalten habe, wenn man in ein Gewitter kommt und ohne es wirklich zu wissen, waren wir uns einig, dass es wohl am besten sei, entweder Unterschlupf in einem Gebäude zu finden oder sich im Wald aufzuhalten, wo man nie der höchste Punkt sein könnte. Als die Blitze einsetzen, befinde ich mich aber auf einer langgestreckten Hochebene und bin dem Gewitter schutzlos ausgeliefert. Ich möchte mich sicher nicht bäuchlings hier in den Matsch werfen und das Ende des Gewitters abwarten, obwohl das vielleicht die sicherste Wahl wäre. Stattdessen versuche ich mich klein zu machen, laufe halb gebückt und versuche, wenn ein kleiner Erdwall den Weg säumt, mich möglichst nahe an ihm zu bewegen. Trotzdem bin ich mir der Gefahr und der beiden Walkingstöcke in meinen Händen panisch bewusst. Jeder Donner bringt mein Herz zum Stehen und ich spüre das Zittern im Boden wenn die Blitze in der Nähe einschlagen.

Und doch ist dies ein Wendepunkt auf meinem Weg. Trotz des Heimwehs, das mich häufig und stark begleitet und der immer wiederkehrenden verlockenden Idee des Aufgebens, setzt auf diesen schweren Kilometern mein Pilgerwille ein, Rom zu erreichen, egal unter welchen Bedingungen. Ich schreie gegen den Wind und den Donner an, dass ich mich nicht aufhalten lasse und mache mir damit Mut.

Als ich einen weiteren verlassenen Hof vor mir auftauchen sehe, fühle ich mich gerettet. Ich setze mich hinter den offenen Türrahmen ins Trockene, hinter mir im Raum Leitern, Farbeimer, Handwerkermaterial und es ist mir egal ob ich diesen Ort mit jemandem teile. Ich werde mich von hier nicht mehr fortbewegen bis das Gewitter und der Regen aufgehört haben. Meine Schuhe sind durchnässt und schlammverklebt, meine Hose klebt mir an den Beinen, ebenfalls matschig bis zum Knie, meine Jacke, mein Langarmpulli, mein T-Shirt, alles klebt an mir. Kaum habe ich mich in der Hütte einigermaßen eingerichtet, das Wasser aus meinen Schuhen geleert und meine Socken ausgewrungen, hört das Unwetter schlagartig auf. Der Himmel ist zwar noch immer dunkel und wolkenverhangen, aber der Regen hat aufgehört, Vögel statt Donner sind zu hören. Ewig kann ich durchnässt und frierend nicht dort sitzen bleiben und entscheide, mich wieder nach draußen zu wagen.

Unmittelbar nach dem Hof erreiche ich eine Landstraße und spiele mit dem Gedanken, per Anhalter Gambassi Terme zu erreichen. Aber als ich nach nur wenigen Gehminuten die Landstraße wieder verlassen muss, ist kein einziges Auto an mir vorbei gefahren. Dreckig und nass wie ich bin, würde mich wahrscheinlich sowieso niemand mitnehmen. Ich setze meinen Weg also ordentlich zu Fuß fort. Natürlich lässt der Regen nicht lange auf sich warten und steigert sich kurzfristig sogar zu Hagelkügelchen, die auf mich niederprasseln. Bis zum Ort Borgoforte gibt es keine Möglichkeit mehr, sich unterzustellen. In der kleinen Bar in diesem winzigen und hübschen Ort muss ich wie ein Wüstling wirken: mit schlammigen Fußspuren und tropfenden Klamotten nehme ich Platz, bestelle eine heiße, dickflüssige Schokolade und dann noch ein und gebe ein großzügiges Trinkgeld, das mein schlechtes Gewissen über den Dreck, den ich hinterlasse, nur mäßig beruhigt.

Die letzte halbe Stunde bis zum Tagesziel liegt vor mir und ich bringe sie regenfrei hinter mich. Dieser „Tag zum Abgewöhnen" und seine Abenteuer sind aber noch lange nicht vorbei. In Gambassi Terme soll es laut meinem Pilgerbuch eine Parrocchia geben, die Pilger aufnimmt. Dort hat man mir am Vorabend aber die Telefonnummer einer neuen Pilgerherberge gegeben und mir erklärt, dass aufgrund der neuen Herberge keine Pilger mehr im Pfarrsaal aufgenommen werden. Die neue Herberge allerdings ist mit einer italienischen Wandergruppe, die über das Wochenende die Toskana erkundet, komplett belegt und verweist mich an die einzige Pension vor Ort. Wenn schon Luxus, so haben wir am Vorabend entschieden, dann möchten wir diesen richtig auskosten und ich habe uns drei Einzelzimmer reserviert. Doch als ich in der Osteria da Pincchiorba eintreffe und mich riesig auf mein Einzelzimmer und eine heiße Dusche freue, beginnt der junge Mann des Empfangs langwierige Erklärungen. Er hat keine drei Einzelzimmer mehr, aber vielleicht zwei und kann eine Art Hinterzimmer vorbereiten, das sich eher als eine Abstellkammer herausstellt. Ob das für meine Mitpilger in Ordnung sei? Immer wieder weise ich darauf hin, dass er das mit den beiden abklären muss und ich nicht für sie antworten kann, aber das ist schwer in seinen Kopf zu bekommen. Endlich bringt er mich auf ein kleines, wenig einladendes Zimmer mit zwei Einzelbetten und einem winzigen, stinkenden Bad. Ich belege ein Bett, dusche und hänge notdürftig meine Sachen zum Trocknen auf. Selbst für eine Person ist unter den erschwerten Bedingungen wenig Platz vorhanden.

Später höre ich Nelli und Jörg im Gang mit dem Pensionsangestellten diskutieren. Ich geselle mich dazu und verständlicherweise ist niemand dazu bereit, in die Abstellkammer zu ziehen und wir einigen uns schnell darauf, dass Nelli und ich uns ein Zimmer teilen. Sie zieht zu mir und Jörg verschwindet im Zimmer gegenüber. Mit dem jungen Mann versuche ich aufgrund des Ärgers noch eine Preisverhandlung, doch er zeigt sich unbeeindruckt. Als Pilger ist man schwer in der Lage, seine Position zu vertreten, wenn klar ist, dass man keine andere Wahl hat. Nellis Bett ist eine Katastrophe, als sie sich auf die Matratze setzt, fällt sie fast bis zum Boden durch: es gibt kein Lattenrost. Auch mein „Lattenrost" ist lediglich eine zurecht gesägte Europalette, aber immerhin ein fester Untergrund. Es ist unmöglich, für zwei Personen genug Raum für Rucksack, Klamotten, Handtücher zu finden, dazu sind Nellis Sachen über den Tag komplett nass geworden und sie muss praktisch den gesamten Inhalt ihres Rucksacks trocknen.

Jörg rettet die Situation, als sich herausstellt, dass sein Zimmer wesentlich größer ist. So tauschen wir die Zimmer und die Situation entspannt sich ein wenig. Jörg hat nun das stinkende Bad, wir hingegen finden eine Toilette mit widerlichen, braunen Ablagerungen vor, deren Spülung ununterbrochen läuft.

Das einzige, was diesen unfreundlichen Ort noch rettet, ist die kleine Pizzeria, die normalerweise nur Pizza zum Mitnehmen anbietet, uns drei aber an der Theke Platz nehmen lässt und uns eine riesige, gut belegte und leckere Pizza vorsetzt.

Tag 28: Gambassi Terme – San Gimignano (16.5 km)
Das wunderbare Gegenteil des Vortages

Im strahlenden Sonnenschein schon am frühen Morgen scheint sogar Gambassi Terme seinen Reiz zu haben. Nelli, Jörg und ich lassen den Tag locker angehen, frühstücken im Ort, halten an Aussichtspunkten mit Blicken über die weite Landschaft immer wieder für Fotos an und sind erst nach 9 Uhr auf dem Weg. Ein relativ kurzer Tag liegt vor uns und ich kann mich darauf einlassen, ihn mit meinen Begleitern zu genießen.

Die Via Francigena führt uns unter blauem Himmel mit nur vereinzelten Wölkchen auf weitgehend natürlichen Pfaden durch grüne toskanische Landschaften. Die weite Blicke auf die hügeligen Felder mit den typischen Zypressen belohnen unsere Wanderung.

Die Stimmung in unserer kleinen Gruppe ist großartig, ich habe Spaß mit den beiden unterwegs zu sein. Trotz ziemlicher Steigungen kann ich das Tempo der beiden einigermaßen halten, ohne mich zu überfordern und ohne das Gefühl zu haben, die beiden ständig aufzuhalten. Wir kommen an einem Hof vorbei, der Entfernungsschilder an seiner Hauswand angebracht hatte: neben Rom in einer Entfernung von nur noch 279 Kilometern und Santiago de Compostela in einer Entfernung von 2.036 Kilometern ist auch die Entfernung nach Bremen mit 1.102 Kilometern angegeben. Warum ist ausgerechnet Bremen mitten in der Toskana relevant? Der Bremer in unserer Gruppe, Jörg, findet es lustig. Nelli kommt nur wenig später auf ihre Kosten, als wir an einem weiteren Hof auf einen Esel stoßen, der sich scheinbar frei auf den Feldwegen bewegt. Er möchte sich allerdings partout nicht von Nelli streicheln lassen, so liebevoll sie ihn auch zu überzeugen versucht.

Wir machen viele Pausen, unter anderem in einem edlen Hotel in dem kleinen Dorf Pancole am Weg. Unsere matschigen

Schuhe und verdreckte Kleidung stehen in interessantem Gegensatz zu den Gästen des Hotels, die sich in maritimem Outfit zu ihren Autos begeben.

Kurz nach dem Ort teilen wir eine spirituelle Erfahrung. Wir gehen auf die Wallfahrtskirche Santuario Madre della divina Provvidenza zu und entscheiden spontan, uns diese anzusehen. Die Geschichte dieses Ortes laut meinem Pilgerbuch überzeugt mich nicht: Ein Maler hat hier die Jungfrau Maria beim Stillen gemalt und dies soll bei kranken Frauen Wunder wirken. Bezeichnend ist jedoch der Priester. Padre Carlo kommt offen und freundlich auf uns zu, spricht deutsch mit uns und erzählt von sich. Bis zum Alter von 38 Jahren ist er Angestellter in einem Büro gewesen, bevor er seine Berufung als Priester erkennt und umsetzt. Vor ein paar Jahren ist sogar seine alte, kranke Mutter als Nonne in ein Kloster gegangen, um dort ihre letzten Jahre zu verbringen. Mir ist nicht klar gewesen, dass man nach einem mit weltlichen Erlebnissen erfüllten Leben noch ein Klosterleben dran hängen kann! Wir plaudern lange mit ihm, er gibt uns auch Informationen über die Kirche und es ist ein rund herum interessantes Gespräch mit ihm, das uns alle drei auf dem weiteren Weg in Gedanken begleitet.

Bald darauf erhaschen wir die ersten Ausblicke auf unser Tagesziel. San Gimignano mit seinen Türmen ist schon von weitem zu erkennen. Doch vorher lockt ein weiteres Kloster am Weg, Pieve di Santa Maria di Cellole, mit seiner ruhigen Abgelegenheit umgeben von Bäumen und Stille zu einer ausgedehnten Pause. Nachdem wir die dazugehörige Kirche besichtigt und erfolglos versucht haben, in das Hauptgebäude zu kommen, setzen wir uns auf die Holzbank am Rande des großen Platzes vor der Kirche und stärken uns mit Tucs und Käse. Erst nach der Pause sehen wir das eindeutige Schild, das Picknick an diesem Ort ausdrücklich verbietet.

In San Gimignano habe ich im Convento für uns drei reserviert. Wir finden es erst nach einem ausgiebigen Rundgang durch den touristischen aber wunderschön erhaltenen Ort. Die Zeit ist knapp geworden, der Priester hat uns gebeten, vor 15 Uhr oder nach 17 Uhr einzutreffen, da er in den zwei Stunden dazwischen nicht verfügbar sei. Um kurz vor 15 Uhr klingeln wir an der großen Eingangspforte und werden eingelassen. Der sympathische Priester bringt uns zügig zu den Zimmern: jedes Zimmer hat zwei bis drei Betten, Jörg belegt sein Zimmer alleine, Nelli und ich teilen uns eine Kammer. Der Priester verabschiedet sich, da er zum Konzert in der Kirche gehen möchte und wir begleiten ihn spontan. Das Konzert ist bewegend, ein Chor singt in der voll besetzten Kirche. Nach der Begegnung mit Padre Carlo an diesem Tag wird mir das Ausmaß der Spiritualität aber langsam zu intensiv. So verlasse ich meine Begleiter und setze mich im Innenhof des Klosters mit meinem Tagebuch in die Sonne und lausche den Klängen von der Ferne. Die Ruhe und Getragenheit in diesem Kloster umfangen mich.

Als die letzten Klänge des Konzerts lange erloschen sind, ich geduscht habe und meine Begleiter noch immer nicht aufgetaucht sind, beschleicht mich nicht zum ersten mal das Gefühl, nicht wirklich in diese Gruppe zu gehören. Ich schreibe mir das durchaus selbst zu. Da ich viele ihrer Erfahrungen über den Tag hinweg nicht teile, da ich in der Regel lieber alleine pilgerte, ist nachvollziehbar, dass ich mich am Abend immer etwas außen vor fühle. Da das Kloster kaum belegt ist und viele Zimmer leer stehen, entscheide ich spontan, aus dem gemeinsamen Zimmer mit Nelli auszuziehen und mir ein Einzelzimmer zu gönnen. Schon in der letzten Nacht habe ich diesen Luxus aufgegeben und nach den vergangenen Nächten in Gesellschaft möchte ich mir diese Gelegenheit nicht entgehen lassen. Auch habe ich so einen eigenen Schlüssel für die

Eingangspforte und bin nicht davon abhängig, Nelli und Jörg wiederzufinden, falls sie sich abgesetzt haben und den Abend alleine verbringen wollen. Nur kurz darauf stellen sich all diese Überlegungen jedoch als vollkommen übertrieben heraus, denn die beiden sitzen vor der Eingangspforte in der Abendsonne und haben auf mich gewartet. Der gemeinsame Abend in einem leckeren Restaurant unweit des Klosters ist ausgelassen und lustig und mit vielen persönlichen Gesprächen angereichert. Meine Einzelzelle genieße ich trotzdem sehr.

Tag 29: San Gimignano – Badia Isola (28 km)
Fußwäsche zum Abendessen

Beim Verlassen des Convento kommen wir an einem gedeckten Frühstückstisch vorbei und bewegen uns zögerlich auf ihn zu. Doch schnell werden wir von einem Priester darüber aufgeklärt, dass die frischen Croissants und der duftende Kaffee nicht für uns bestimmt sind. In San Gimignano ist Frühstück jedoch einfach zu besorgen.

Ich beginne meinen Pilgertag wieder alleine und genieße meinen Weg unter blauem Himmel. Die Blicke zurück auf die Türme von San Gimignano lassen gute Erinnerungen an den Abend mit meinen Pilgerfreunden und den freundlichen Empfang im Convent aufkommen. Die Via Francigena teilt sich einmal mehr in verschiedene Varianten und ich habe die längere Strecke gewählt, die zwar nicht durch das wunderschön erhaltene Städtchen Colle di Val d'Elsa verläuft, dafür wesentlich weniger Asphaltpilgern verspricht. Die erste Stunde verbringe ich trotzdem entlang der Straße. Doch dann darf ich den Asphaltbelag nach rechts auf einen wunderschönen Feldweg verlassen und gehe lange durch Wäldchen und entlang grüner Wiesen mit Blick auf die Weinberge. Auch eine Furt muss wieder einmal überquert werden, was aber dank den Steinen, die als Trittbretter im Wasser positioniert sind, eine leichte Übung darstellt.

Nach einer Mühle höre ich Hunde bellen und ein ätzender Geruch steigt mir in die Nase. Ich stehe vor einer Art Zwinger, Käfige am Waldrand, ohne eine Menschenseele weit und breit, und in den Käfigen Hunde, die in ihrem eigenen Kot stehen und mir mit traurigen Augen nachblicken. Noch lange verfolgt mich ihr Bellen und ihr Jaulen und treibt mir Tränen in die Augen. Dass es solche Zustände in einem europäischen Land geben darf und

Italien scheinbar von Rechten für Tiere noch nicht viel gehört hat, macht mich wütend.

Die Via Francigena verwöhnt mich an diesem Tag mit einer blühenden und leuchtend grünen Landschaft. Der strahlende Sonnenschein hellt meine Stimmung auf, obwohl ich immer wieder intensiv Heimweh verspüre. Doch ich lasse es mir gutgehen, verbringe meine Mittagspause in einer Bar im Dorf Quartaia und treffe erst im nächsten Dorf, Gracciano d'Elsa, nach über 20 Kilometern Einsamkeit, auf Pilger. Die beiden Franzosen Anne und Jean-Baptiste haben meinen Weg erstmals in San Miniato Basso gekreuzt, sie sind die beiden, die am Morgen so geräuschvoll gepackt haben, und seitdem sind wir uns immer mal wieder über den Weg gelaufen. Sie beenden ihre Pause, als ich sie einhole und beschwingt überhole ich sie, um dann festzustellen, dass ich ziemlich vor ihnen her hetze. So beschließe ich, bei nächster Gelegenheit eine weitere Pause zu machen und verbringe friedvolle Minuten am alten Thermalbad kurz hinter dem Ort. Frösche und Grillen musizieren um mich herum, ich habe mein Element Wasser neben mir und die wärmende Sonne über mir. Selbst die zwei Bauarbeiter in wenigen Metern Entfernung können meine Ausgeglichenheit nicht beeinträchtigen.

Mir stehen noch gute eineinhalb Stunden Wanderung bevor und ich bin froh, als ich die Abtei von Badia Isola endlich erreiche. Am Vorabend habe ich versucht, im 3,5 Kilometer weiter entfernten Ort Monteriggioni für mich und meine beiden Pilgerfreunde zu reservieren, aber man hat mich an die neu eröffnete Pilgerherberge in Badia Isola verwiesen und meine Reservierung nicht angenommen. Jetzt bin ich froh, den Anstieg nach Monteriggioni erst für den nächsten Tag vor mir zu haben.

In der Pilgerherberge neben der großen Kirche werde ich bereits von den beiden Hospitaleros Nevio und Francesco erwartet und herzlich begrüßt. Die beiden älteren Herren sind ein eingespieltes Team und herrschen während ihres Ehrenamtes minutiös über die Abläufe in ihrer Herberge. Ich hoffe nur, dass Nelli und Jörg, die ihre Tage wesentlich später als ich beenden und ihre Ankunft in den Herbergen in den letzten Tagen immer weiter herausgeschoben haben, den Zeitplan für das Abendessen und die vorherige Ansprache einhalten würden. Ich ziehe nach der Dusche und dem Wäschewaschen erst einmal in die Bar gegenüber und gönne mir mein Feierabend-Bier. Die Bar gehört zur Tankstelle des Ortes, die gleichzeitig Autowerkstatt ist, das Publikum entsprechend lokal gefärbt. Dabei sind es noch nicht einmal die überraschten Blicke der ölverschmierten Männer, die mir Unbehagen bereiten, sondern der missmutige Gesichtsausdruck einer älteren Frau, die mich argwöhnisch begutachtet und mich nach kurzer Zeit tatsächlich rau anfährt: „Pilger?" – „Ja." – „Und wovon lebt so eine wie Du? Bettelst Du oder stiehlst Du?" – Obwohl ich im Nachhinein finde, dass ich ihr keine Rechenschaft hätte ablegen sollen, bin ich in dem Moment erleichtert, von meinem bevorstehenden Job erzählen zu können, der nach meiner Rückkehr auf mich wartet und der meine Pilgerschaft wie einen Urlaub klingen lässt. Trotzdem trinke ich mein Bier schnellstmöglich und fliehe zurück in die Herberge.

Nelli und Jörg sind zwischenzeitlich eingetroffen und entgeistert von der festgelegten Planung der Herbergsväter. Ich bin auch nicht gerade angetan davon, mir wie eine Internatsschülerin vorzukommen, kann das aber unter den gegebenen Umständen und für einen Abend hinnehmen. Zur vereinbarten Zeit versammeln wir uns also im Vorraum und lassen die Ansprache über uns ergehen, während der wir auf ein Zeichen regelmäßig mit „Amen" unsere Bekräftigung kundtun müssen. Zum Abschluss werden wir aufgefordert, einen Schuh auszuziehen und Nevio wäscht uns nicht nur jedem einen Fuß, sondern küsst diesen zum Ende der Prozedur feierlich. Ich erinnere mich an die Fußwäsche auf meinem Jakobsweg, die sich für mich so viel berührender und authentischer angefühlt hat als diese fast theatralische Aufführung.

Das Abendessen, das uns die beiden Herbergsväter gekocht haben, besteht aus einfachen Nudeln mit Soße und ist gut, wenn auch nur knapp ausreichend. Zum Ende des Abends bestehen wir auf das Recht, die Herberge nochmals verlassen zu dürfen und bechern auf dem Kirchenvorplatz eine Flasche Rotwein. Der entspannendste Teil des Tages!

Tag 30: Badia Isola – Siena (23 km)

Alle Wege führen nach … Siena

Im Nieselregen werden wir bereits gegen acht Uhr von unseren Herbergsvätern herzlich auf den Weg geschickt. Zu dritt erreichen wir Monteriggioni. Nelli und Jörg haben Lust auf eine Kaffeepause in diesem mittelalterlichen Örtchen, ich hingegen bin froh, die Gelegenheit nutzen zu können, um alleine weiterzuziehen. Das Alleine-Sein über den Tag hinweg ist essentiell für mich, auch wenn mich an Abenden wie dem Vorabend die Gesellschaft meiner beiden Pilgerfreunde sehr beruhigt und ich viel Spaß mit den beiden habe.

Den ganzen Vormittag über nieselt es. Der Ausblick auf die Burg Chiocolatta ist wolkenverhangen und grau. Die Feldwegen, auf denen die Via Francigena an diesem Tag verläuft, verwandeln sich schnell wieder in Matschwege und als ich nach einem solchen Abschnitt eine Asphaltstraße erreiche, hinterlassen meine Schuhe Matschspuren auf der Straße. An dieser Stelle verlässt mich wieder einmal mein Pilgerbuch. Es möchte mich nach rechts schicken, wobei sich Siena laut meinem GPS eindeutig entlang dieser Straße nach links befindet und die rot-weißen Aufkleber der Via Francigena mich geradeaus weiter entlang des Matschweges schicken. Die Straße möchte ich, egal in welche Richtung, gerne vermeiden, packe also mein nutzloses Pilgerbuch weg und folge mutig der Beschilderung in immer ausgedehntere Pfützen und tieferen Matsch. Nach einer guten Viertelstunde muss ich einen Bewässerungskanal überqueren und verlaufe mich prompt, da ich dem einzigen relativ ausgetretenen und sichtbaren Pfad durch die mannshohen Gräser geradeaus folge. Er führt mich zu einer T-Kreuzung im Feld, an der jegliche Markierung fehlt, ein warnender Hinweis, dass ich mich nicht mehr auf der Via Francigena befinde. Ich kehre also um und finde tatsächlich im Feld verteilt immer wieder Stöcke mit den rot-weißen Aufklebern, die mich parallel des Bewässerungskanals mitten durch das Feld führen. Die harten Stängel, durch die ich mich durchkämpfen muss, schlagen mir nass gegen die Oberschenkel und das Wasser läuft mir wieder einmal in die Schuhe. Als ich nach rund zwei Kilometern das Ende dieser mörderischen Strecke erreicht habe und an einem Obelisk wieder offenes Gelände betrete, kann ich das Wasser aus meinen Schuhen kippen und bin von Kopf bis Fuß nass und dreckig. Während ich mit dem Auswringen meiner Socken beschäftigt bin, holt mich das deutsche Pilgerpaar Susi und Günter aus Berlin wieder einmal ein. Sie haben sich ebenfalls durch die Gräser gekämpft und es wesentlich gelassener als ich genommen. Ich bin bedient.

Wenige Minuten später erreichen wir eine Hauptstraße, auf der uns blendend sauber eine Gruppe englischer Pilger erreicht. Sie sind dank ihres einheimischen Begleiters an der Kreuzung nach links abgebogen, an der ich den Matschweg geradeaus gewählt habe. Gemeinsam durchqueren wir ein Waldstück, auf dem uns zwei Pilger entgegen kommen. Unsere Herbergsväter vom Vorabend haben uns von den beiden erzählt, die auf der Via Francigena in entgegengesetzter Richtung nach Santiago de Compostela unterwegs sind. Kurz darauf belohnt der erste Ausblick auf Siena die Strapazen des Tages. Ich setze mich von der Gruppe ab und ziehe zügig Richtung Siena. Die drei Kilometer bis zum Ortseingang ziehen sich in die Länge und sind aufgrund eines steilen Aufstiegs anstrengend. Ich entscheide, an der erstbesten Gelegenheit Pause zu machen. Sie bietet sich in einer Gelateria. Zu meiner Überraschung sitzen, bereits mit Eis in der Hand, Nelli und Jörg vor der Eisdiele! Sie waren doch in Monteriggione hinter mir zurück geblieben, lassen sich außerdem viel mehr Zeit als ich über den Tag, wie kann es möglich sein, dass sie hier vor mir angekommen sind! So ganz finden wir das nicht heraus, nur dass sie den Kampf durch das mannshohe Gras nicht durchlebt haben, obwohl auch ihre Schuhe und Hosenbeine matschverklebt sind.

Zu dritt ziehen wir in Siena ein und es fühlt sich gut an. Wir machen eine lange Pause auf dem berühmten Piazza il Campo, Jörg packt den Rest Rotwein vom Vorabend aus, den er in eine Plastikflasche gefüllt hat. Nicht stilecht aber mit ausgesprochenem Vergnügen reichen wir die Flasche herum und feiern unsere Ankunft in dieser Stadt, die eine wichtige Etappe auf dem Weg nach Rom darstellt und für so manchen Pilger der Beginn der Pilgerschaft ist. Am Dom vorbei ziehen wir durch die Stadt auf der Suche nach unserer Pilgerherberge, der Accoglienza Santa Luisa, eine Art Kloster. Eine Schwester öffnet uns und führt uns in einen großen Schlafsaal mit schmalen, durchgelegenen Pritschen. Wir werden ihn mit den Franzosen François und Christophe teilen, die beide unabhängig voneinander unterwegs sind und mir als sehr interessante Menschen erscheinen. Doch nach dem sehr religiösen Vorabend haben wir drei das Bedürfnis, der klösterlichen Atmosphäre zu entkommen und gehen zum Abendessen und für ausgelassene Momente auf der Piazza il Campo zurück ins Zentrum von Siena. Allerdings müssen wir zur Nachtruhe um 22 Uhr zurück in der Herberge sein…

Tag 31: Siena – Ponte d'Arbia (28 km)
Dem Wind lauschen

Ich möchte mir am Morgen den Dom ansehen, wo wir am Vortag zwar einen Pilgerstempel bekommen haben, aber das beeindruckende Gebäude nicht besuchen konnten. So bin ich relativ früh unterwegs zurück ins Stadtzentrum, wobei ich das deutsche Pilgerpaar Susi und Günter auf meinem Weg treffe. Sie warnen mich bereits, dass der Dom sicher noch nicht geöffnet ist, aber ich muss das natürlich selbst herausfinden und stehe wenig später vor verschlossener Tür.

Auf dem Weg zurück und aus der Stadt heraus weiß ich nun nicht, ob Nelli und Jörg vor mir sind oder noch in Siena beim Frühstück sitzen. Der Tag beginnt bewölkt aber trocken und ich genieße das Pilgern durch die toskanische Landschaft mit den vereinzelten einsamen Höfen und durch die verschlafenen typischen Toskana-Dörfer mit ihren alten Steinhäusern und Torbogen. Kurz nach Isola d'Arbia kann ich die Asphaltstraße auf einen Feldweg verlassen, der vom Vortag aufgeweicht und matschig ist. Meine Füße hinterlassen tiefe Spuren und ich bin offensichtlich nicht die erste, die sich an diesem Morgen hier durchschlägt. Jeder Schritt ist von einem Schmatzgeräusch des Untergrunds begleitet. Wenigstens regnet es für den Moment nicht, meine Stimmung ist trotz der Konzentration, der es bedarf, um nicht auszurutschen, ausgeglichen. Am Ende des Matschweges, kurz vor dem Dorf Ponte a Tressa, finde ich eine Bank und entscheide mich für eine ausgedehnte Pause, in der ich das unvergleichliche Panforte aus Siena auspacke.

Am Vorabend in Siena sind Nelli und Jörg sich einig gewesen, dass man bestimmte Glücksmomente auf diesen Pilgerwegen besser zu zweit erlebt. Der Glücksmoment, in dem ich das Panforte mit Schokolade langsam auf der Zunge zergehen lasse, gehört nur mir. Doch bald werde ich von einem Pilger eingeholt.

Der Franzose François vom Vorabend schließt sich mir spontan an und wir gehen zusammen weiter. Er ist auf dem Weg nach Assisi, wird nur noch eine Nacht auf der Via Francigena verbringen und sich ab dem nächsten Morgen nur anhand seiner Karten durchschlagen. Er möchte die letzte Möglichkeit, einen Tag in Begleitung zu gehen, offensichtlich auskosten. Ich entdecke in diesem ruhigen, schüchternen Menschen einen ausgeglichenen und angenehmen Pilgerfreund.

Der Himmel klart auf, die Sonne beginnt zu wärmen und die Pfützen zu trocknen. Wir ziehen auf Panoramawegen durch die grüne toskanische Landschaft, auf ruhigen Feldwegen, ohne einem Menschen zu begegnen. Bis zu dem Moment, als uns ein aufgeregter Hund entgegenkommt und sich uns immer aggressiver und laut bellend nähert. Wir lassen uns nicht einschüchtern, schließlich sind wir unbeirrbare Pilger auf der Via Francigena – doch als der Besitzer des Hundes aus der Hofeinfahrt kommt und uns wild gestikulierend zu verstehen gibt, dass wir falsch abgebogen sind und uns auf seinem Privatgrundstück befinden, ziehen wir uns eilig zurück.

Kurz darauf sind wir beide so von der Umgebung und der friedlichen Stille angetan, dass wir uns einfach ins Gras fallen lassen und dem Wind lauschen, der über die Felder und Gräser streicht. Momente wie diese mit einem besonderen Menschen wie François zu teilen, machen sie unvergesslich.

Auf der langen, schnurgeraden Strecke entlang der Bahnlinie, kurz vor dem Tagesziel Ponte d'Arbia, werden wir von einer lokalen Via Francigena Gruppe angehalten, die uns filmt, interviewt und unsere Erfahrungen und Anregungen notiert.

In Ponte d'Arbia trenne ich mich von François, der in der kleinen Bar im Ortskern hängen bleibt. Ich muss den Weg zu der Pilgerherberge erst erfragen und selbst als ich das Gebäude gefunden habe, bedarf es noch ein wenig Spontanität, um den

Eingang zu finden und sich in einem fremden Haus ohne Willkommen einzurichten. Nach der Dusche und Wäschewaschen gehe ich zurück in den kleinen Ort und finde in der Bar nicht nur François, sondern auch Nelli und Jörg bei einem Bier zusammen sitzen. Die beiden Männer erledigen die Einkäufe für den Abend und François bereitet für uns in der Küche der Herberge einen gesunden griechischen Salat mit frischem Weißbrot und einen großen Topf Nudeln mit Pesto zu. Die französischen Pilger Jean-Baptiste und Anne sind auch eingekehrt, halten sich aber auf Abstand, teilen weder das Abendessen noch den Schlafsaal mit uns. Sie liegen bereits vor 21 Uhr im Bett, während wir François letzten Abend in Gesellschaft mit Rotwein begießen.

Tag 32: Ponte d'Arbia – San Quirico d'Orcia (29 km)
Eine Herberge wie ein Gefängnis

François verabschiedet sich früh von uns und ich muss gestehen, dass er mir am Abend nach ein paar Gläsern Wein etwas aufdringlich und zu berührungsintensiv geworden war, und wie ich mir einbilde, vor allem auf mich bezogen. Ich bin recht erleichtert, dass sein Weg in eine andere Richtung weitergeht. Die beiden Franzosen Anne und Jean-Baptiste sehen wir an diesem Morgen nicht mehr, obwohl sie die Nacht mit uns in dieser Herberge verbracht haben.

Mit Nelli und Jörg frühstücke ich im Ort, mache mich dann aber wie üblich alleine auf den Weg. Der Rhythmus, den die beiden gefunden haben, indem sie lange Pausen mit einem erhöhten Gehtempo gutmachen, liegt mir nicht.

Der Tag beginnt strahlend schön. Auf schmalen, ruhigen Landstraßen führt die Via Francigena durch die sagenhafte Landschaft der Toskana. Zwischen landwirtschaftlich genutzten Feldern blüht auf grünen Wiesen der rote Klatschmohn. Vereinzelt liegen Höfe an meinem Wegrand, Ausflügler auf Pferden kreuzen meinen Weg.

Der hübsche und lebhafte Ort Buonconvento liegt nach rund sechs Kilometern in idealer Entfernung für eine erste Kaffeepause. Die Via Francigena führt in einem großen Bogen aus dem Ort heraus, um die Hauptstraße, die Via Cassia, zu umgehen. Die Viertelstunde, die ich dann doch entlang dieser viel befahrenen Durchgangsstraße pilgern muss, reicht mir! Eine kürzere Variante der Via Francigena führt entlang dieser Straße bis Torrenieri, aber obwohl meine Alternative vier Kilometer länger ist, denke ich keine Minute über die Entscheidung nach. Ich bin froh, als ich nach weiteren zwei Kilometern Asphaltpilgern auf einer Nebenstraße endlich nach links auf einen Schotterweg abbiegen kann. Dieser führt mich verlassen und friedlich durch die Felder und an einer Burg vorbei und meine Stimmung ist trotz des dunkler werdenden Himmels gut.

Nicht lange allerdings und aus den dunklen Wolken entlädt sich ein Platzregen, der mich innerhalb der wenigen Sekunden, die ich brauche um meinen Regenschutz aus dem Rucksack zu kramen und überzuziehen, komplett durchnässt. Weit vor mir sehe ich mehrere Menschen mit großen Rucksäcken, die mir allerdings zu sehr nach einer Familie aussehen, als dass ich sie als Pilger einstufe. Zu dem Starkregen gesellt sich Donnergrollen und die ersten Blitze zucken über den Himmel. Ich möchte meine Erfahrung von fünf Tagen vorher, als ich im Gewitter gepilgert bin und Todesängste ausgestanden habe, auf keinen Fall wiederholen. An der ersten Gelegenheit suche ich Unterschlupf und bin entschlossen, dort das Gewitter bis zum Ende auszusitzen, auch wenn das den ganzen Tag bedeutet. Mein Unterschlupf wird ein industriell geführtes Weingut entlang des Weges, das mit Busparkplatz und großen Werbeschildern klar eine Touristenattraktion darstellt. Das Gitter am Eingang ist allerdings verschlossen und kein Mensch weit und breit zu sehen. Ich finde eine Möglichkeit, mir neben dem Gitter einen schmalen Durchgang zu verschaffen und schlüpfe auf das Gelände. Unter dem Vordach einer Halle sitze ich sicher eine halbe Stunde lang und warte, darauf dass der Regen und das Gewitter aufhören, aber auch etwas verunsichert darauf, dass mich jemand auf den zahlreichen Überwachungskameras entdeckt und zum Weitergehen auffordert.

Als die ersten Sonnenstrahlen die dunkle Wolkendecke langsam wegschieben, breche ich wieder auf. Die Via Francigena führt als Panoramaweg über große Pfützen auf Schotterpisten durch eine unberührt und so friedvoll scheinende Landschaft. Ich kann regelrecht zusehen, wie die Wolken einem leuchtend blauen Himmel Platz machen. Und plötzlich steht sie vor mir, die

Lebensregel, die mir dieser Weg mitteilen möchte: „Nicht aufgeben! Wenn Du ein Ziel vor Augen hast, egal ob Du nass wirst, frierst, Dich verläufst, ob es länger, schwieriger oder anders ist als Du Dir vorgestellt hast, selbst wenn Du die Lust, Kraft und den Mut verlierst -> gib nicht auf. Such Dir Unterschlupf, Hilfe, halt inne, mach Pausen, aber gib Dein Ziel nicht auf." Das Ziel dieses Weges ist klar definiert; was in meinem Leben danach kommen wird, bleibt zu definieren noch offen. Mit einem inneren Strahlen pilgere ich die nächsten Kilometer auf diesem wunderschönen Weg, bis zu einer leer stehenden Scheune, in der ich im Trockenen mein Mittagessen nachholen möchte – ich habe mir in meiner Plastikdose die Reste des Vorabends gesichert.

Im Schuppen treffe ich auf die beiden Franzosen Anne und Jean-Baptiste. Obwohl ich während unseren vereinzelten Begegnungen bisher das Gefühl habe, dass sie mich und ich sie gut haben kann, scheinen sie mir doch aus dem Weg zu gehen, kaum dass ich in Begleitung meiner Pilgerfreunde bin. In der Scheune zu dritt rückt Jean-Baptiste auf Seite, damit ich auf einem Strohballen neben ihm Platz nehmen kann und Anne und ich plaudern über die täglichen Sprachprobleme beim telefonischen Reservieren des Bettes für den nächsten Tag.

Nach der Pause strahlt die Sonne wieder mit voller Kraft. Nach dem etwas merkwürdigen scheinenden Gebäude mit dem Schild „Comunità Incontro", durchquere ich das nächste Dorf, Torrenieri, ohne weitere Pause. Kurz nach dem Dorf fülle ich am Friedhof meine Wasserflasche auf. Den Hinweis, dass es an Friedhöfen Trinkwasser gibt, habe ich auf meinem Jakobsweg gelernt und hoffe, dass er auch auf der Via Francigena gültig ist.

Die restlichen gut sieben Kilometer entlang der Asphaltstraße werden mir lang und irgendwann setze ich mich einfach auf ein Mäuerchen, das die Straße vom Weinberg trennt, und ruhe aus. Mit der Sonne über mir ist meine Stimmung wieder gestiegen und trotz der Hitze geht es mir gut. Unmittelbar vor meinem Tagesziel San Quirico d'Orcia gibt es erneut einen dieser typischen Via Francigena Momente: an einer Leitplanke zeigt ein Pfeil mit einem schwarzen Pilger auf rot-weißem Untergrund nach rechts, während der gelbe Pilger mit Pfeil nach links zeigt und mein Pilgerbuch wieder einmal keine genauen Rückschlüsse zulässt. Doch alle Wege führen nach Rom und dabei über San Quirico d'Orcia und so stehe ich bald im Dorfzentrum.

Mir begegnet ein mich intensiv anstarrender Mann, der mich allerdings nicht anspricht. Ich habe am Vorabend in der Pilgerherberge für mich und meine beide Pilgerfreunde reserviert und weiß dank meinem Pilgerbuch, dass sich diese an der Rückseite der Kirche befindet. Dort finde ich eine verschlossene Eingangstür mit einem großen gelben Pilgeraufkleber. Ich klingele und bald wird mir die Tür von einem Jungen geöffnet. Die Familie, die ich im Laufe des Tages im Regen gesehen habe, ist tatsächlich ein deutscher Vater, der mit seinen beiden minderjährigen Söhnen wochenweise auf der Via Francigena unterwegs ist. Ich geselle mich in ihren Schlafsaal, in dem es mit 4 Etagenbetten ausreichend Platz für uns alle hat. Doch kurz darauf erscheint der starrende Mann, dem ich vorher grußlos über den Weg gelaufen bin, mit Anne und Jean-Baptiste. Er stellt sich als der Priester des Ortes und Leiter der Herberge vor und fährt mich als erstes barsch an, dass ich mich einfach so in die Herberge geschlichen habe ohne mich bei der Pfarrei anzumelden, was mir am Vorabend doch ausdrücklich erklärt worden sei. Meine Italienischkenntnisse sind zwar nicht großartig, aber eine solche Erklärung hätte ich verstanden und bin sicher, dass die freundliche weibliche Stimme am Telefon nichts dergleichen gesagt hat. Außerdem muss ich den Schlafsaal wechseln, da der Pfarrer streng auf Geschlechtertrennung achtet. Auch Anne und Jean-Baptiste werden getrennt, wobei ich auch noch nicht wirklich verstanden habe, ob sie als Paar oder nur in Freundschaft den Pilgerweg beschreiten.

Der Priester warnt mich, er ist den Weg mit dem Auto abgefahren und hat dabei meine zwei verschollenen Pilgerfreunde entdeckt. Er hat ihnen ausdrücklich erklärt, dass sie sich entweder vor 17 Uhr oder nach 19 Uhr anmelden dürfen, da er in der Zwischenzeit anderweitige Verpflichtungen habe und sich kein Pilger ohne Anmeldung bei ihm in die Herberge schleichen darf. Uns alle bestellt er für 19 Uhr in der Pfarrei ein, um die Spende von neun Euro zu bezahlen und den Pilgerstempel zu erhalten. Er verbreitet eine unangenehme Stimmung und Anspannung und einen Moment überlege ich, meine Sachen zu packen und vielleicht tatsächlich mein Zelt zum Wildcampen zu nutzen. Nelli und Jörg klingeln gegen 17 Uhr dreißig. Zwar wage ich, ihnen die Tür zu öffnen, aber ich bin mir sicher, dass der Priester uns alle zusammen rauswerfen wird, wenn sie sich wagen, trotz seiner Warnung außerhalb seiner Zeiten die Herberge in Anspruch zu nehmen. So ziehen sie weiter und suchen sich ein Hotel, während ich nach Dusche und Wäschewaschen um kurz vor 19 Uhr mit Anne und Jean-Baptiste vor der Tür der Pfarrei stehe. Wir klingeln und stehen etwas verloren vor der Tür, die um Punkt 19 Uhr und keine Sekunde früher geöffnet wird. Der deutsche Vater mit seinen Söhnen erscheint pünktlich und wir müssen uns eine gute Viertelstunde lang die Rede des Priesters anhören, in der er uns erklärt, wie sich ein Pilger zu verhalten habe, wie viele Probleme er schon mit diesen Menschen gehabt hat, welchen Weg wir am nächsten Tag zu gehen haben und in welchen Restaurants er für uns reservieren wird. Ich verschwinde wortlos, kaum dass ich meinen Obolus abgegeben und meinen Stempel bekommen habe und treffe mich mit Nelli und Jörg in einem Restaurant, ohne Reservierung des Priesters. Der Abend mit ihnen ist von der

Tatsache überschattet, dass ich früh zur Abendvisite des Priesters zurück sein muss.

Anne liegt schon im Bett als ich zurückkomme, aber ich bin noch in der Zeit für die Visite des Priesters. Er wagt sich tatsächlich mich zu fragen, nachdem er die Schlafräume nach versteckten Hinweisen überblickt hat, wo meine Pilgerfreunde sind. Auf meine knappe Antwort, dass ein Pilger nach rund 30 Kilometern Marsch bei 30 Grad nicht wirklich eineinhalb Stunden vor verschlossener Tür auf seine Dusche warten möchte, grunzt er nur. Ich bin ihm wohl so unsympathisch wie er mir, denn er legt nur für Anne eine Wolldecke heraus. Ich friere die halbe Nacht in diesem alten dicken Gemäuer, trotz gutem Schlafsack und ziehe irgendwann sogar meine Wanderhose an. Innerlich verfluche ich diesen Unsympath von Priester.

Tag 33: San Quirico d'Orcia – Radicofani (30.7 km)
Ein traumhafter Tag

Wir sind angehalten, die Pilgerherberge früh zu verlassen und da ich dem Priester nicht nochmals begegnen möchte, bin ich bereits vor 8 Uhr unterwegs. Im Ort kann ich keine offene Bar für mein Frühstück finden und mache mich hungrig auf die ersten fünf Kilometer bis Bagno Vignoni.

Unterwegs hole ich Anne und Jean-Baptiste ein, die die Herberge lange vor mir verlassen haben. Immer mehr zweifele ich daran, dass die beiden als Paar unterwegs sind. Ihre Beziehung scheint mir fast vaterhaft von ihm dominiert, wobei ihr Widerstand gegen seine Herrschaft immer offensichtlicher wird, in dem sie oft weit vor ihm läuft und ich sie selten im Gespräch erlebe. Anne und ich gehen eine kurze Zeit zusammen, wir genießen die weiten Ausblicke auf die umliegende Landschaft, das angenehme Gehen auf natürlichen Pfaden, den blauen Himmel mit den vereinzelten Wolken über uns und die friedliche Ruhe dieser menschenleeren Gegend. Der Morgen ist zwar noch etwas kühl, aber der Tag verspricht schön zu werden!

Bagno Vignoni erreiche ich allein, verlaufe mich prompt im Ortskern, finde dafür aber eine kleine Bar, in der ich eine dickflüssige heiße Schokolade und ein süßes Gebäck bestelle. In diesem Touristenort mit seinem Becken mit warmem Thermalwasser mitten im Ort ist alles überteuert, die offensichtlich gut gestellten Touristen beäugen mich skeptisch, aber ich lasse mich in meinem Genuss nicht beeinflussen. Am Nachbartisch sitzen zwei Österreicher und ich beginne ein Gespräch mit ihnen. Sie kommen seit mehreren Jahren immer zu dieser Jahreszeit in die Region zum Mountainbiken und bestätigen, was der unsympathische Priester am Vorabend angekündigt hat: noch nie hat es so viel Regen im Mai gegeben, die Wege sind aufgeweicht und sie sind mit ihren Mountainbikes schon mehrfach im Matsch stecken geblieben.

Nachdem ich die Via Francigena aus dem Ort hinaus wieder gefunden habe und den Fluss Orcia auf einer Brücke überquere, sehe ich die Wassermassen mit eigenen Augen. Der Fluss ist eine aufgewühlte braune Brühe, die sich wild und mit allen möglichen mitgerissenen Objekten durch die Landschaft zieht.

Nicht lange danach soll ich die Via Cassia, die relativ stark befahrene Hauptstraße, die sich durch die Toskana bis nach Rom zieht, nach rechts verlassen und den Bach Onsola durchwaten. Ich stehe im Matsch vor etwa vier Metern zu durchwatender dreckiger und kalter Wassermasse, deren Tiefe nicht abzuschätzen ist. Nach der letzten Nacht, in der ich in meinem Schlafsack gefroren habe, steht mir nicht der Sinn nach nassen Füssen und kaltem Wasser. Ich sehe mich gezwungen, dem Rat des Priesters zu folgen. Ich gehe zurück zur Hauptstraße und setze meinen Weg auf Asphalt fort. Auch von dieser habe ich wunderschöne Ausblicke auf die typische Toskana-Landschaft, Zypressen säumen die Auffahrten zu herrschaftlichen Farmhäusern, grüne Wiesen und Felder soweit das Auge reicht, Farbtupfer von Wildblumen entlang des Weges, vereinzelte Dörfer auf den Hügeln rundherum. Zwar ziehen sich die Wolken immer mal wieder zu einer großen Masse zusammen, aber es bleibt trocken.

Mein erster Versuch einer Pause scheitert kläglich. Bei einem offensichtlich verlassenen Haus am Straßenrand steht das Eingangstor offen. Ich habe mich hinein gewagt und möchte dort windgeschützt sitzen. Doch ich fühle mich nicht wohl und habe das Gefühl, dass nicht nur Tauben sich diesen Ort angeeignet haben. Nach wenigen Minuten nur entscheide ich, meinen Weg fortzusetzen. Nicht weit entfernt steht ein Metallkreuz auf einem Betonsockel am Straßenrand, der ideale Ort um auf trockenem

Untergrund und angelehnt Pause machen zu können. Während meiner Pause werde ich von Anne und Jean-Baptiste überholt.

Kurz nach dem Dorf Gallina bietet sich erneut die Möglichkeit, die Via Cassia zu verlassen. Doch auch hier entscheide ich mich schnell dagegen: der Matsch am Uferrand ist noch tiefer, das Wasser zwar weniger aufgewühlt, die Tiefe der wieder rund vier zu durchwatenden Meter Bachbetts aber nicht abzuschätzen. Mein Weg führt weiter auf Asphalt. Immerhin kann ich die Hauptstraße bald nach rechts verlassen und auf einer Nebenstraße weiterlaufen. Die Via Francigena ist oftmals auch für Autofahrer ausgeschildert und so fällt es nicht schwer, die Richtung zu halten, obwohl mein Weg mit der Beschreibung in meinem Pilgerführer natürlich nichts mehr gemein hat.

Überrascht stehe ich bald wieder vor einer Markierung für Fusspilger der Via Francigena und folge ihm zufrieden nach links auf eine ruhige Teerstraße ohne Autoverkehr. Der Wind hat aufgefrischt und immer mal wieder nieselt es kurz. Pausen sind schwierig, in der offenen Landschaft bin ich den Widrigkeiten des Wetters schutzlos ausgeliefert. Selbst Pipipausen werden eine Herausforderung, da über weite Abschnitte noch nicht einmal ein Baum oder Strauch steht, hinter den ich mich hocken könnte. Als die Sonne sich endlich wieder blicken lässt, rolle ich meine Erste-Hilfe-Decke aus und lasse mich einfach auf einem Hügel am Wegrand nieder. Ich habe mich auf diesen Tag trotz der ein oder anderen Schwierigkeit eingelassen und lasse mich nun in die Ausblicke in die Weite und die Stille um mich herum fallen.

Erneut erreiche ich die Via Cassia, kann sie aber nach nur einem Kilometer bereits wieder nach links verlassen. An der Kreuzung bietet sich die Gelegenheit einer Pause in der Bar der Tankstelle, die ich natürlich wahrnehme, obwohl ich mich unter den LKW-Fahrern nicht wirklich integriert fühle. Laut meinem Pilgerbuch stehen mir nun acht Kilometer aufwärts entlang einer

Asphaltstraße bevor. Gleich zu Beginn und dann nochmals für die letzten zwei Kilometer gibt es eine Alternativroute über einen Feldweg, die ich gerne nutze. Die Landschaft ist immer schöner geworden, die Ausblicke werden durch den Anstieg nur noch weiter und schöner, wenn auch der Wind unangenehm und kühl ist. Der Feldweg bietet all dies und dazu eine menschenleere Ruhe. Von weitem sehe ich Anne und Jean-Baptiste hinter mir die Straße hochgehen, sonst gibt es soweit das Auge reicht nur Hügel in allen Grünschattierungen und dunkelrote Blumen um mich herum. Eine tiefe innere Ruhe überkommt mich, eine Verbundenheit mit dieser Umgebung, eine Zufriedenheit, die mich ausfüllt. Der Wind setzt genau in diesem Moment aus und ich sitze lange auf einem großen Stein, versunken in den Anblick dieser Landschaft und die Emotionen, die sie auslöst.

Ich erreiche den Ort Radicofani und treffe unmittelbar Anne und Jean-Baptiste sowie einen Fahrradpilger, Allan aus England. Zusammen suchen und finden wir die Via Francigena Herberge, wo wir von zwei Hospitaleras überfreundliche empfangen werden. Uns wird ein Schlafsaal zugeteilt, der gerade für die Reservierungen reicht: es gibt drei Etagenbetten für die vier eingetroffenen Pilger, für Nelli und Jörg habe ich mitreserviert und ihr Bett wartet auf sie. Ich nehme die obere Pritsche eines Etagenbetts, Allan richtet sich unter mir ein, Anne und Jean-Baptiste belegen jeweils die untere Pritsche der beiden anderen Etagenbetten im Zimmer.

Nach Dusche und Wäschewaschen haben wir trotz der vielen gelaufenen Kilometer noch ausreichend Zeit vor dem Abendessen und ich ziehe mit dem sympathischen Fahrradpilger Allan in eine Bar für ein Bier. Schnell werden zwei daraus und auch Allan hat diese Angewohnheit, mir alles ausgeben zu wollen. Warum ich so ein Problem damit habe, muss ich eines Tages mal ergründen, Tatsache ist jedenfalls, dass ich mich nicht für irgendetwas verpflichtet fühlen möchte. Trotzdem verbringen wir eine lustige Zeit in der Bar und tauschen unsere Erfahrungen als Fuß- und Fahrradpilger alleine unterwegs aus.

Zum Abendessen haben sich auch Nelli und Jörg eingefunden. Außerdem ist ohne Vorankündigung ein italienischer Pilger mittleren Alters, Gianluca, aufgetaucht, für den natürlich kein Platz mehr in unserem Schlafsaal ist. Die Hospitaleras haben also einen zweiten Schlafsaal geöffnet, in dem die drei Neuankömmlinge untergebracht sind. Ich habe das Gefühl, mich immer weiter von Nelli und Jörg zu entfernen. Ich habe sie den ganzen Tag über nicht ein einziges mal getroffen und glaube, dass ich nach ihrer letzten Nacht im Doppelzimmer nun sicher das fünfte Rad am Wagen sein werde.

Wie in Badia Isola werden wir auch hier zu einer Fußwäsche genötigt. Ich finde das Ritual übertrieben. Es wird den Hospitaleros und Hospitaleras von der Organisation San Jacopo di Compostella, die diese Herbergen leitet, praktisch aufgezwungen und hat nichts mehr mit der innerlichen Überzeugung des Priesters meiner ersten Fußwäsche auf dem Jakobsweg in Frankreich zu tun. Das Abendessen, das uns die beiden Damen zubereiten, ist allerdings großartig! Während dem Essen ist vor allem Gianluca Wortführer. Voll Überzeugung erzählt er, dass er als Fußpilger ohne einen Cent unterwegs sei und das nicht zum ersten mal. Es sei seine Art, demütig zu pilgern und auf Gott und den Weg zu vertrauen. Obwohl ich die Einstellung grundsätzlich unterstütze und sehr mutig finde, kann ich mich nicht mit der Vorstellung anfreunden, dass dieser Ingenieur aus Mailand hier ohne eine Spende isst, trinkt und schläft. Dass Menschen wie der Vollzeitpilger Dominique, den ich in der Schweiz getroffen habe, so überleben können, ist eine gute Sache; dass Menschen, die sich Pilgern ohne weiteres leisten können, sich trotzdem ohne

Spende wie Schmarotzer durchschlagen, finde ich nicht angemessen.

Am frühen Abend zieht sich Anne zurück. Jean-Baptiste weist mich und Allan darauf hin, dass Anne krank ist und viel Ruhe benötigt und wir uns bitte nur mit äußerster Rücksicht später im Schlafsaal bewegen sollen. Es hätte mehr gebracht, wenn ich das vorher gewusst hätte, denn ohne Stirnlampe ist es schwierig, im Stockdunkeln geräuschlos auf das Etagenbett zu klettern.

Tag 34: Radicofani – Aquapendente (24 km)
Der Luxus eines Einzelzimmers

Die beiden Hospitaleras haben uns schon am Vorabend darauf hingewiesen, dass sie am Morgen Übergabe an die nächsten Hospitaleras haben und wir spätestens um 8 Uhr aus dem Haus sein müssen. Doch warum um 6 Uhr die Deckenbeleuchtung angeschaltet wird, die mir direkt ins Gesicht strahlt, kann ich nicht verstehen. Anne und Jean-Baptiste sind schon mit Aufbruchsvorbereitungen beschäftigt und Allan ist ebenfalls bereits aufgestanden, als ich mühsam aus dem Bett steige. Als erstes fragte ich Allan, ob er das Licht angemacht habe, doch er ist ebenso verschlafen und missmutig über das frühe Wecken wie ich, glaubt aber, dass Jean-Baptiste für das Licht verantwortlich ist. So wende ich mich direkt an ihn und offen und mit abwertendem Blick gibt er mir zu verstehen, dass wenn wir uns erlauben können, ihn und Anne am Abend zu wecken wenn wir nach ihnen ins Bett kommen, er uns ebenso am Morgen wecken könne. Ich weise ihn auf den kleinen Unterschied hin, dass wir uns immerhin Mühe gegeben haben, leise zu sein, wohingegen er es ganz offensichtlich darauf angelegt, uns zu wecken, doch er fühlt sich zweifelsfrei im Recht. Er ist mir spätestens seit diesem Moment nicht mehr sympathisch. Nelli und Jörg haben die Nacht mit einem laut schnarchenden Gianluca verbracht und sind auch nicht ausgeschlafener als ich.

Zu dritt sind wir bereits vor 8 Uhr unterwegs. Auf der Höhe von 800 m, auf der wir uns in Radicofani befinden, ist es um die Zeit nebelig und frisch. Wir folgen der Via Francigena auf einer abgelegenen Teerstraße und sehen zu, wie die Nebelschwaden langsam die umliegenden Hügel freigeben. Ein Spaziergänger mit Hund kommt uns entgegen und stellt sich als Deutscher vor, der vor Jahren in die Toskana ausgewandert ist. Er überlebt als Immobilienmakler und Übersetzer, wir gehen kurz darauf an seinem Häuschen in den Wolken vorbei und ich beneide ihn ein wenig um das Leben in dieser ruhigen grünen Landschaft, abseits von allem.

Über zwei Stunden pilgern wir auf diesem ruhigen Sträßchen, das sich durch die offene weite Landschaft schlängelt, ohne einem Menschen zu begegnen oder ein Auto zu sehen. In Ponte a Rigo finden wir eine kleine Bar für eine Kaffeepause. Wie üblich mache ich mich nach meinem Kaffee wieder auf den Weg, während Nelli und Jörg ihre Pause ausdehnen, einen zweiten Kaffee bestellen und noch eine Zigarette anzünden.

Kurz nach dem Ort führt die Via Francigena auf einen Feldweg parallel zu Hauptstraße weiter, der aber noch immer durchnässt und so matschig ist, dass ich es vorziehe, meinen Weg auf der Via Cassia fortzusetzen. Immerhin kann ich nach einigen Kilometern die stark befahrene Hauptstraße nach links auf die alte Via Cassia verlassen, pilgere aber weiterhin auf Asphalt und habe das Rauschen des Verkehrs auf der parallel verlaufenden neuen Via Cassia immer im Ohr. Kurz vor dem Örtchen Centeno führt die alte Via Cassia zurück zur neuen und auf einer Brücke über den Fluss Elvella. Straßenschilder weisen mich darauf hin, dass die Via Francigena die Toskana verlässt und wir uns nun in Lazio befinden, der Region, zu der Rom gehört. Im hübschen Örtchen Centeno möchte ich gerne einen Kaffee trinken, kann aber kein offenes Café finden. Kilometerlang geht es auf der Via Cassia weiter und auch die nächste Bar am Straßenrand hat geschlossen. Kurz nach dem Dorf setze ich mich einfach auf die Wiese unter einen Baum. Nach knapp acht Kilometern brauche ich meine Pause dringend, egal unter welchen Umständen.

Nach weiteren Kilometern und Stunden Asphaltpilgern im Samstagsverkehr erreiche ich die Brücke Ponte Gregoriano, die eine gute Gelegenheit bietet, sich mit Blick auf den Fluss Paglia ein paar Minuten Ruhe abseits vom Straßenverkehr zu gönnen.

Ich beobachte einen Angler und versuche, meine schlechte Laune zu verstehen. Nelli und Jörg erscheinen mir mittlerweile als eine eingeschworene Zweiergruppe und wenn wir am Abend zusammen sind, gibt es viele Themen, die ich nicht mehr teilen kann, da sie Fortsetzungen der Gespräche des Tages sind und oftmals sehr persönlicher Natur. Natürlich habe ich mir das selbst zuzuschreiben, da ich meinen Wunsch nach Alleinesein über den Tag nicht aufgegeben habe. Die Tatsache, dass mir ihr Verhalten am Abend mit langen Diskussionen bis in die Nacht und einer gewissen pilgeruntypischen Feierlaune missfällt, lässt sich sicher auf einen unterdrückten Neid zurückführen. Anne und Jean-Baptiste, die ich bisher des Öfteren während des Tages gekreuzt und freudig gegrüßt habe, möchte ich seit der Licht-Aktion an diesem Morgen nicht mehr unbedingt über den Weg laufen. Auf Christophe, den interessanten französischen Pilger aus unserem Schlafsaal in Siena, habe ich mich gefreut; Gianluca hat mir am Vorabend erzählt, dass er auf einer Alternativroute unterwegs ist und die Via Francigena an diesem Tag wieder erreichen wird und ebenfalls plane, in Acquapendente zu übernachten. Doch als ich den beiden kurz vor der Brücke begegne, fordern sie sich gerade gegenseitig heraus, wer den längeren Weg an diesem Tag schafft und es ist eindeutig, dass keiner von beiden im nahegelegenen Etappenziel Acquapendente anhalten wird.

Nachdem ich von meinen Platz unter der Brücke auf die Hauptstraße zurückgekehrt bin, sehe ich in unmittelbarer Nähe Anne und Jean-Baptiste aufholen. Ausgerechnet! Ich lege also an Tempo zu und versuche, Abstand zu gewinnen, als ich hinter mir ein lautes Pfeifen und Rufen höre. Dass Jean-Baptiste mir nach all dem nachpfeift, kann ich mir unmöglich vorstellen – und als ich mich schließlich umdrehe, erkenne ich hinter den beiden Franzosen Nelli und Jörg, die mir winkend zu verstehen geben, dass ich auf sie warten soll. Mit knappem Gruß lasse ich Anne und Jean-Baptiste an mir vorüber ziehen.

Die letzte Stunde des Tages verbringe ich in Begleitung von Nelli und Jörg und es tut gut, mich mit ihrer Heiterkeit und Ausgelassenheit aus meinem Tief ziehen zu lassen. Wir können die Via Cassia verlassen und auf einer ruhigen Seitenstraße den letzten Aufstieg erklimmen, wir machen eine weitere Pause im Schatten von Bäumen, in der Nelli und Jörg ihre Obstvorräte mit mir teilen und erreichen schließlich Acquapendente. Nach nunmehr fünf Nächten in Folge in Schlafsälen wünsche ich mir nichts sehnlicher als ein Einzelzimmer in einem Hotel. In der Stadtmitte werden wir fündig. An der Rezeption des Hotels Il Borgo gibt es eine kurze Diskussion, da Nelli sich gerne ein Doppelzimmer mit mir teilen würde. Obwohl ich weiß, dass ich ihr vor den Kopf stoße, obwohl ich gerne die Freundschaft mit ihr vertiefen würde und sicher bin, dass wir uns jede Menge zu erzählen hätten, bin ich nicht in der Lage, meinen Traum vom Einzelzimmer aufzugeben. Sie zieht für eine weitere Nacht mit Jörg zusammen in ein Doppelzimmer.

Tatsächlich koste ich jede Minute meines Einzelzimmers mit Wifi aus. Ich dusche lange, lasse über Youtube immer und immer wieder auf voller Handy-Lautstärke Kashmirs „Petite Maschine" und Melanies „Ruby Tuesday" laufen und lerne die Texte dabei auswendig. Das bisschen Luxus tut mir und meiner Laune gut und als ich später mit Nelli und Jörg auf Erkundung durch die Stadt, zum Wäschewaschen in einen Waschsalon, zum Apéritif und schließlich zum Abendessen ausziehe, geht es mir schon wieder viel besser. An diesem Abend entsteht unsere großartige Idee, nach dem Abenteuer Via Francigena gemeinsam den Großen Sankt-Bernard-Pass zu erklimmen, das Teilstück zwischen der Schweiz und Italien, das ich im April wetterbedingt noch nicht gehen konnte.

Tag 35: Acquapendente – Bolsena (26 km)
Am See

Nach dem gemeinsamen Frühstück im Hotel ziehe ich alleine los, wesentlich später als die letzten Tage. Auf dem Weg aus der Stadt hinaus gehe ich kurz in die Basilika San Sepolcro, die aber keine bleibenden Eindrücke hinterlässt. In großen Bögen weicht die Via Francigena nach rechts und links der Via Cassia aus, verläuft dabei trotzdem die ersten Kilometer wieder auf Verkehrsstraßen. Als ich diese endlich auf natürliche Feldwege verlassen kann, beginne ich den Tag zu genießen. Mein Schotterweg führt einsam und schattenlos an einem weitläufigen abgezäunten Gelände mit Solarpanels vorbei. Der Himmel ist endlich strahlend blau, auf den grünen Hügeln grasen Schafe, Blumenwiesen präsentieren sich in intensiven Farben.

Nachdem ich die Via Cassia oder andere Asphaltstraßen mehrfach gekreuzt habe, stehe ich irgendwann auf meinem Feldweg vor einem dieser Via Francigena Schilder, das mich mit einem übergroßen Fußgänger-Zeichen auf braunem Hintergrund nach rechts schickt, während der bekannte weiße Pfeil auf gelbem Untergrund nach links zeigt und ein nicht zuzuordnender weißer Pfeil geradeaus weist. Nicht überraschend kann ich auch an dieser Stelle meinem Pilgerbuch keinen klaren Hinweis entnehmen. Spontan folge ich dem größten Schild nach rechts.

Meine Pause verbringe ich auf einem Klappstuhl, der an einem verlassenen Häuschen am Feldrand auf mich wartet. In der Sonne sitzend lasse ich meinen Blick über die Felder schweifen und fühle mich zufrieden und ausgeglichen. Die Via Francigena führt mich anschließend in einem großen Bogen zurück an die Via Cassia, ein oder zwei Kilometer, die ich mir hätte sparen können, wenn ich vorher geradeaus gegangen wäre. Doch der Tag ist mit geplanten 22 Kilometern kurz genug, um den ein oder anderen zusätzlichen Kilometer für eine schönere Strecke in Kauf nehmen zu können.

Auf der Via Cassia erreiche ich das Dörfchen San Lorenzo Nuovo. In der ersten Bar am Ortseingang mache ich Pause mit einem erfrischenden kühlen Getränk und sogar einem Eis. Als ich aufbreche, sehe ich von weitem Nelli und Jörg. Ich gehe ihnen ein Stück entgegen, wir gehen gemeinsam zurück, doch an der Bar lasse ich sie zurück. In San Lorenzo Nuovo sind Vorbereitungen für große Feierlichkeiten in vollem Gang. Die Straßen sind mit Bildern aus Blumen und Blättern geschmückt, eine Prozession mit Priestern und Ministranten zieht durch die Straßen.

Auf der Via Cassia geht es aus dem Dorf hinaus. Bald kann ich sie jedoch wieder nach links auf einen Schotterweg verlassen. Der See von Bolsena taucht in meinem Blickfeld auf und zieht mich magisch an. Mein Weg ist geschmückt von Blumenwiesen, an deren wechselnden Farbspielen meine Augen sich kaum satt sehen können. Dunkelrot auf der ersten Wiese, strahlend gelb und knallrot auf dem nächsten Kilometer, in lila und blauen Pastellfarben mit Mohn dazwischen nach der nächsten Wegbiegung. Tiefgrüne Wiesen und bewaldete Hügel bis zum Horizont, die langsam abfallende Landschaft zum See auf der anderen Seite. Die warme Sommerluft ist gefüllt mit Blumenduft, Insektensummen und Vogelgezwitscher. Diese Stunden reichen, um mich in meiner Entscheidung zu bestätigen, pilgern zu wollen, allein zu sein, mich der Natur auszusetzen.

Kurz verzweifele ich erneut an meinem Pilgerbuch, das mich an einer unklaren Wegkreuzung mit Hinweis auf eine existierende Markierung nach rechts trotzdem klar nach links schickt. Ich folge meinem Buch und obwohl die Strecke durchaus schön und empfehlenswert ist, stellt sie sich als wesentlich länger und mit steileren Anstiegen als die Alternative nach rechts heraus.

Ich erreiche Bolsena am frühen Nachmittag. Die beeindruckende Burg begrüßt mich schon von weitem. Die Parkplätze sind mit Touristenbussen gefüllt, unzählige Menschen kreuzen meinen Weg, je mehr ich mich der Stadt nähere. Mein Weg in die Stadt ist ein Hürdenlauf, in dem ich den Blumenbildern auf den festlich geschmückten Straßen und Gehwegen ausweichen muss. Jugendliche sind noch immer auf den Wegen sitzend mit dem Gestalten der Bilder beschäftigt und hinter ihnen zwängen sich die Touristenströme vorbei. Mit dem dicken Rucksack ist fast kein Durchkommen und das gegenseitige Schieben und Drücken ist für mich kaum zu ertragen. Ich habe für Nelli, Jörg und mich bei den Schwestern Suore SS. Sacramento Betten reserviert, doch als ich das Gebäude direkt gegenüber der Basilika endlich gefunden habe, ist mir der Menschenauflauf auf diesem zentralen Platz im Ort einfach zu viel. Ich sende eine Textnachricht an Nelli und Jörg und mache mich auf den Weg zum Campingplatz.

Dieser ist direkt am See gelegen und überraschend ruhig. Ich werde freundlich empfangen, man bietet mir sogar an, mein Handy am Empfang aufzuladen. Zum ersten mal leere ich also meinen kompletten Rucksack und bin fast selbst überrascht, dass ich wirklich wie eine Schnecke mein eigenes Zuhause auf dem Rücken getragen habe. Aus meinem Rucksack ziehe ich das Zelt, die aufblasbare Unterlage und meinen Schlafsack und habe mein kleines Zuhause geschaffen.

Zwar gehe ich am Abend zur Prozession nochmals zurück in den Ort, auch um Nelli und Jörg zu treffen, aber ich bin ihnen dankbar, dass sie anschließend mit mir zurück zum See kommen und wir uns dort eine Pizzeria für das Abendessen suchen. Ich habe das Gefühl, dass sie mich um die Ruhe des Sees und das leise Plätschern der Wellen beneiden, während sie zurück ins Kloster müssen, wo Anne und Jean-Baptiste missmutig auf sie warten. Da ich für drei reserviert hatte, ist das größere Zimmer für uns reserviert worden, während Anne und Jean-Baptiste wohl in einer Art Flur oder Durchgangszimmer untergebracht sind.

Als ich alleine den Abend vor meinem Zelt beende, komme ich mir mutig und unabhängig aber auch etwas dumm und einsam vor.

Tag 36: Bolsena – Montefiasco (20 km)
Eine weitere Herberge wie ein Gefängnis

Gegen fünf Uhr wache ich von Vogelgezwitscher und dem leisen Plätschern der Wellen auf. Über Nacht hat es ziemlich abgekühlt und es ist unangenehm klamm und frisch in meinem Schlafsack, aber um nichts in der Welt würde ich meinen ruhigen Schlafplatz am See aufgeben wollen. Halbwach lausche ich den Vögeln und dem langsam erwachenden Campingplatz.

Gegen sieben Uhr beginne ich zu packen und bin genauso erstaunt wie am Vorabend, dass es tatsächlich möglich ist, sein ganzes Schneckenhäuschen wieder in den Rucksack zu packen und weiter zu tragen. Ich marschiere zurück in den Ort und wärme mich mit Kaffee und Maddalenas auf. Hoffnung, Nelli und Jörg schon so früh über den Weg zu laufen habe ich wenig und ziehe alleine los.

Kaum habe ich Bolsena hinter mir gelassen, verläuft die Via Francigena auf ruhigen natürlichen Wegen. Asphalt sehe ich an diesem Morgen wenig, dafür eine ganze Mini-Schweine-Familie, die mich von der anderen Seite des Zaunes neugierig beobachtet.

Der Himmel ist an diesem Tag wieder dunkel und grau und die Ausblicke auf den See, den ich im großen Bogen umrunde, sind trübe und verhangen. Das Grün der Wiesen und Wäldchen leuchtet ohne Sonne nicht. Der Weg ist einsam und menschenleer, Markierungen werden immer spärlicher, die Beschreibung meines Pilgerbuches lässt mich aufs Neue im Stich und ist nicht mehr nachvollziehbar. Etwas orientierungslos suche ich noch bewusster nach Markierungen und bin jedes mal froh und fast überrascht, wenn ich die Bestätigung finde, dass ich noch auf der richtigen Route unterwegs bin.

Bis ich mitten zwischen Blumenwiesen und Wäldern vor einem Gitterzaun stehe, der quer über den Weg läuft. Doch ich bin mir sicher, vor nicht allzu langer Zeit eine rot-weiße

Markierung gesehen zu haben und es hat seitdem keine Möglichkeit gegeben, falsch zu laufen, also muss dieser versperrte Weg die Via Francigena sein. Von einem Gitterzaun lasse ich mich schon lange nicht mehr aufhalten und schiebe und quetsche und klettere und bin schließlich auf der anderen Seite.

Als ich irgendwann Hinweisschilder Richtung „Parco di Turona" sehe, kann ich auch die Beschreibung meines Pilgerbuchs wieder zu Rate ziehen. Der Park mit seinen rauschenden Bächen und Wasserfällen gefällt mir ausgesprochen gut. Nur das Wetter spielt nicht wirklich mit an diesem Tag und es ist zu feucht und kühl, um Pausen im Wald zu machen. Der natürliche Weg durch die Wälder ist an einem sonnig warmen Tag sicher schöner.

Nach gut vier Stunden stößt mein Schotterweg auf die Via Cassia, die ich glücklicherweise schnell wieder verlassen kann. Wenn die Via Francigena nicht über Asphalt verläuft, zeigt sich oft der alte Belag der alten Via Cassia: dicke Pflastersteine, auf denen seit Hunderten von Jahren Menschen und Tiere Richtung Rom gehen.

Bei jeder sonnigen Gelegenheit packe ich mein Rucksack komplett aus und versuche mein Zelt zu trocknen. Es ist am frühen Morgen taufeucht gewesen und ich bin zu unerfahren im Campen um zu wissen wie ich damit umzugehen habe. So packe ich über den Tag viermal mein Zelt aus und finde es immer noch klamm. Einmal werde ich dabei von einer amerikanischen Familie, eine Mutter mit ihren zwei erwachsenen Kindern, eingeholt, die mich interessiert zu meinen Via Francigena Erfahrungen befragen. Cathie, die Mutter, ist ebenfalls seit Lausanne unterwegs, allerdings nur auf Teilabschnitten und von einer Reiseagentur durchorganisiert. Ihre Kinder Alex und Claire haben sich ihr seit Siena angeschlossen und zu dritt möchten sie bis Rom gehen. Ihr Gepäck wird transportiert, ihre detaillierten Karten führen sie auf einer leicht abgewandelten Strecke. Ich finde die drei vom ersten Moment an sympathisch.

Ich erreiche Pogetto, ein Vorort von Montefiascone und der letztmögliche Startpunkt für Pilger, die das Testimonium haben möchten. Ich habe die letzten 100 Kilometer vor Rom erreicht. Wegen der kurzen Strecke und den wenigen Möglichkeiten für Pausen treffe ich bereits am frühen Nachmittag im historischen Zentrum von Montefiascone ein. So nehme ich mir ein wenig Zeit, mir das alte Städtchen anzusehen, bevor ich die Herberge aufsuche. Doch bald zieht es mich zur heißen Dusche und somit zum Kloster, in dem ich für Nelli, Jörg und mich reserviert habe. Der Empfang durch eine Schwester ist freundlich, aber die Betten eine durchgelegene Katastrophe, das Abendessen auf die Minute genau, nämlich 19h30, festgesetzt und um 20h30 wird die Eingangstür verschlossen werden, Schlüssel werden keine mehr ausgehändigt. Ich bin nach dem Gefängniswärter-Priester in San Quirico d'Orcia ja schon fast an diese Behandlung gewöhnt, ahne jedoch wie Nelli und Jörg darauf reagieren werden. Sie lassen allerdings extrem lange auf sich warten, was ich mir bei den wenigen Kilometern an diesem Tag nicht erklären kann. Ich drehe eine weitere Runde im Ortskern, bis der Regen einsetzt. Zwischenzeitlich sind die beiden eingetroffen und geduscht, möchten aber ebenfalls noch ins historische Zentrum um ihr Feierabendbier zu genießen. Was ich durchaus verstehe, aber die Abendessenszeit rückt nahe und die Schwestern scheinen eher strikt als verständnisvoll. Trotzdem verschwinden Nelli und Jörg und sind nicht zum Abendessen zurück. Sie haben entschieden, im Ort zu essen, was natürlich ihr Recht ist, haben dabei aber nicht bedacht, dass ich als die Zurückgebliebene für sie Rede und Antwort stehen muss. Das Abendessen mit Anne und Jean-Baptiste findet in einer unangenehmen Atmosphäre statt.

Obwohl Nelli und Jörg mit einer Flasche Wein zurückkommen, die wir auf dem Balkon unseres Schlafsaals teilen, ist mir an diesem Abend klargeworden, dass ihre Art den Weg zu gehen sich immer weiter von meiner Vorstellung entfernt. Für den nächsten Abend habe ich schon vor diesem Vorfall ein Hotelzimmer für uns drei gebucht, aber danach, so entscheide ich in diesem Moment, werde ich mich nur noch auf mich und meine Bedürfnisse konzentrieren.

Tag 37: Montefiascone – Viterbo (18.9 km)
Heiße Therme bei heißen Temperaturen

Früh am Morgen brechen wir zu dritt auf, doch nach einem kurzen gemeinsamen Rundgang durch Montefiascone trennen sich unsere Wege und ich ziehe alleine unter einem bedeckten Himmel weiter. Den Bolsena See lasse ich an diesem Tag etwas wehmütig hinter mir zurück.

Die Via Francigena führt auf einer Schotterpiste und immer wieder auf dem Pflaster der alten Via Cassia durch die offene Landschaft und bietet weite Blicke zurück auf Montefiascone und den Rocca die Papi, die Sommerresidenz des Papstes.

An einem Hinweisschild der Via Francigena hat jemand mit Textmarker eine Nachricht hinterlassen und ich bin neugierig. Überrascht und begeistert erkenne ich einen Philosoph meines Jakobsweges in Frankreich wieder. Dort hatte ein Olivier eine mir sehr wichtige Erkenntnis auf eine Holztafel geritzt und signiert, dass er auf Europatour mit 26'000 Kilometern unterwegs sei. Hier finde ich nun eine Signatur von Olivier Pieczonka, mit den Daten 11.07.2009 und 13.03.2013, 25 Länder, 32'100 Kilometer zu Fuß. Instinktiv weiß ich, dass es sich um denselben Pilger handelt und eine spätere Google-Recherche bestätigt mich. Einmal möchte ich ihm gerne begegnen.

Das Wetter klärt bald auf und der Himmel wird strahlend blau. Die Blumenwiesen leuchten mohnrot und knallgelb entlang meines Weges. Ich hole die amerikanische Familie Cathy mit ihren Kindern Alex und Claire ein und passe mich eine ganze Weile ihrem ruhigeren Tempo an. Alex dreht ein Video der Via Francigena, das er später professionell aufbereitet ins Internet stell, er ist tatsächlich aus der Branche. Cathy ist pensionierte Psychologin, die ihren Job und ihre Kunden aber offensichtlich nicht ruhen lassen möchte und noch regelmäßig in ihrer Praxis anzutreffen ist. Die Gespräche mit ihr sind interessant und tiefgründig, ich genieße den Austausch mit dieser in sich selbst ruhenden Frau sehr. An einem leer stehenden Haus mit einladender Treppe in der Sonne entscheide ich, Mittagspause zu machen und lasse die Amerikaner weiterziehen.

Nach etwa einer Stunde Pilgerschaft unter schattenlosem Sonnenschein stehe ich auf einem großen Parkplatz im Nichts. Ich habe die Thermalbecken von Viterbo erreicht, die kostenlos und unter freiem Himmel jedermann zugänglich sind. Die Amerikaner sitzen schon im Becken und begrüßen mich winkend. Einen Bikini habe ich nicht dabei, aber ich ziehe eine kurze Hose an und setze mich an den Beckenrand, um die müden Füße im warmen Thermalwasser zu entspannen. Bald stehe ich bis zu meinen Shorts im Wasser, es tut einfach so gut! Nelli und Jörg holen auf und gemeinsam machen wir an den Picknicktischen Mittagspause. Anne und Jean-Baptiste kommen ebenfalls vorbei, und während ich Anne höflich begegnen kann und ihr sogar von unseren Früchten anbiete, fällt es mir nicht schwer, Jean-Baptiste komplett zu ignorieren.

Ich verbringe sicher zwei Stunden an diesen Becken. Der Tag soll mit knapp 19 Kilometern einer der kürzeren auf diesem Weg sein, das Hotelzimmer ist reserviert und es gibt keinen Grund zur Eile. Doch irgendwann zieht es mich weiter. Ich breche alleine auf und lasse meine beiden Pilgerfreunde wieder einmal hinter mir. Nach all den kühlen und regnerischen Tagen, die meine Stimmung auf diesem Weg oftmals in den Keller gebracht haben, muss ich mir eingestehen, dass ich wahrscheinlich eher nicht wochenlang unter einer Sonne wie an diesem Tag unterwegs sein könnte. Trotz Hut knallt sie mir mit einer solchen Intensität auf den Kopf, dass ich müde und ausgelaugt etwa eine Stunde später im Hotel ankomme. Wir haben über eine Internet-Seite ein Drei-Bett-Zimmer in einem Drei-Sterne-Hotel gebucht und der Luxus mit Klimaanlage, Aufzug, breiten bequemen Betten und Balkon ist eine aufbauende Abwechslung.

Nach Dusche und Wäschewaschen zieht es mich in das Städtchen Viterbo, das mir ausgesprochen gut gefällt. Ich schlendere durch die schmalen schattigen Gassen, bewundere die alten gut erhaltenen Häuser, besichtige den Papstpalast, gönne mir ein Eis und mein Feierabendbier. Das Städtchen strahlt eine ruhige und friedliche Atmosphäre auf mich aus.

Im Hotel treffe ich Nelli und Jörg und gemeinsam ziehen wir zum Abendessen aus. Zurück im Hotel möchte ich nur noch schlafen, die Sonne hat mir ziemlich zugesetzt. Doch zwischen Nelli und Jörg ist eine lange Diskussion in Gange, wie lange und wo und zu welchem Preis sie in Rom unterkommen möchten und die Tatsache, dass ich im Nachbarbett ganz offensichtlich Ruhe möchte, scheint sie nicht weiter zu interessieren. Eine weitere Nacht mit den beiden schwöre ich mir zu vermeiden.

Tag 38: Viterbo – Sutri (32.4 km)

Heiße Schokolade gegen Unwetter und andere Widrigkeiten des Tages

Während ich mich am Morgen aufbruchsfertig mache, spielte Nelli laut Technomusik mit ihrem Handy. Ich finde es unerträglich und kann mich nur mit dem Gedanken retten, dass es das letzte mal sein wird, dass ich es ertragen muss. Alleine mache ich mich auf den Weg.

Mein Pilgerbuch schlägt zwei Alternativrouten nach Sutri vor, die kürzere mit 28.5 Kilometern durch den Wald und über den Berg oder die längere mit 38 Kilometern aber ohne Berg. Ich entscheide mich für die kürzere, da ich Sutri gerne an diesem Tag erreichen möchte und mich eine Steigung von 600 Metern nicht abschreckt. Aus der Stadt heraus verlaufe ich mich zum ersten mal, da ich einen Abzweig nach rechts verpasse und ganz unnötig der Straße den Berg hinauf folge. Die fehlenden Markierungen machen mich stutzig und bald erkenne ich mit Hilfe meines Pilgerbuches meinen Fehler und drehe um.

Doch nur wenige Minuten später stehe ich vor der nächsten Unklarheit. Mein Pilgerbuch schickt mich ganz klar nach rechts der Hauptstraße nach, doch die nagelneuen und übergroßen Markierungen der Via Francigena zeigen geradeaus die ruhigere Seitenstraße hinauf. Da mein Pilgerbuch warnt, dass man auf der Strecke mit Autoverkehr sehr aufpassen muss, scheint die neue Wegführung eine willkommene Alternative.

Am Ende der schmalen Straße stehe ich in einer Art Wendehammer, von dem ein halb zugewachsener Feldweg die einzige Möglichkeit zur Fortsetzung des Weges ist. Eine Markierung gibt es nicht, aber seit der übergroßen Markierung am Beginn der Straße hat es keine Abzweigung gegeben, die Via Francigena muss hier durch gehen. Ich kämpfe mich durch die ersten Meter und stehe bald auf einem angenehmen Waldweg.

Dieser ist jedoch an einer Stelle durch einen umgefallenen Baum blockiert, es gibt keine Möglichkeit, diesen Baum zu umgehen, außer über die Stelle zu klettern, wo sich seine Wurzeln aus dem Boden gerissen haben. Diese Kletterpartie auf rutschigem Untergrund mit einem Rucksack und zwei Walkingstöcken ist eine körperliche und psychische Herausforderung für mich und die Tatsache, dass ich mittendrin auf einen Fahrradhelm stoße und mich frage, was wohl mit dem Fahrradfahrer und seinem Gefährt passiert ist, hilft nicht. Fußspuren, die wohl nicht lange vor mir diesen Weg ebenfalls gewagt haben, sind mein einziger Lichtblick.

Der natürliche weiche Weg verläuft wunderschön durch den Wald und später entlang einer Asphaltstraße, auf der mir kein einziges Auto begegnet. Markierungen gibt es selten und immer wieder muss ich mein Handy zu Rate ziehen, um mich zu vergewissern, dass ich noch in der richtigen Richtung unterwegs bin. Trotzdem genieße ich den Tag, die Ruhe und Einsamkeit des Waldes, in dem Vogelgezwitscher meinen Weg begleitet.

Als ich das Dorf San Martino al Cimino erreiche, kann ich auch die Beschreibungen in meinem Pilgerbuch wieder zuordnen. Ich mache eine Kaffeepause im Ort, finde die Atmosphäre dort aber unbehaglich. Alte Männer am Wegrand beobachten mich stumm, ohne hilfreiche Hinweise geben zu wollen, die Dorfbewohner behandeln mich distanziert. Auch hier gehe ich erst einmal in die falsche Richtung, bis ich die Markierungen der Via Francigena wieder finde.

Nach dem Dorf erfolgt der letzte Aufstieg zum höchsten Punkt des Tages, dem Cima Coppi mit 911 Metern. Auf der Strecke durch den Wald werde ich von Mückenschwärmen attackiert! Ich gehe mit gesenktem Kopf und um mich schlagend und das auf mehreren Kilometern immer wieder. Immerhin sind es keine Stechmücken, so dass es nichts weiter als unangenehm ist.

Pünktlich mit Erreichen der Bergkuppe treffe ich Anne und Jean-Baptiste wieder. So unsympathisch er mir ist und bleibt, so nett und interessant finde ich Anne und frage mich immer wieder, was genau die beiden verbindet. Anne geht seit Tagen konsequent vor ihm, wartet zwar regelmäßig auf ihn, aber die Gemeinsamkeiten scheinen auf ein Minimum reduziert zu sein. Ich lasse die beiden ziehen und mache eine Pause auf der Bergkuppe, wobei mir sowohl die Mücken als auch der sich zuziehende Himmel mit fernem Donnergrollen zusetzen.

Durch das nächste Dorf, Poggio Cavaliere, ziehe ich ohne anzuhalten. Nicht weit unterhalb des Weges liegt der See Lago di Vico, an dem ich gerne Pause machen würde, aber ich wage den Extrakilometer nicht. Als ich kurz darauf den Ort Ronciglione erreiche, beginnt der Regen, erst mit leichten Tropfen. Ich suche mir ein Café mit überdachter Terrasse und warte ab. Die ersten Tropfen werden innerhalb weniger Minuten zu einem Platzregen, Blitze zucken über den Himmel, der Donner ist erschreckend. Ich bin heilfroh, aus dem Wald heraus zu sein und auf dieser trockenen Terrasse zu sitzen. Ich wünsche meinen Pilgerfreunden unterwegs ähnliches Glück. Das Unwetter scheint endlos zu sein, der Kopfsteinpflaster-Platz füllt sich mit Pfützen, Bäche laufen durch die Straßen. Ich trinke eine heiße Schokolade nach der anderen. Ich werde nicht mehr unter Blitzen durch die Landschaft wandern, das habe ich entschieden. In diesem Moment möchte ich eigentlich gar nicht mehr wandern, sondern nach Hause und mich an meinen Mann kuscheln.

Das Gewitter hört auf, der Donner verstummt, der Regen versiegt. Ich gehe weiter. Eine gute Stunde später stehe ich in Sutri vor dem Monache Carmelitane, das Kloster in dem ich ein einziges Bett reserviert habe. Hinter eine Art Schalter steht eine Nonne und nimmt meine Einschreibung entgegen, verpasst mir einen Stempel in meinen Pilgerpass, gibt mir einen Schlüssel und schickt mich ins Nebenhaus. Dort finde ich hinter der Zimmernummer meines Schlüssels ein Fünf-Bett-Zimmer mit eigenem Bad.

Nach Dusche und Wäschewaschen erkunde ich das Örtchen Sutri, treffe zum Apéritif Anne und Jean-Baptiste, die mit einem weiteren Franzosen, Jean-Christophe unterwegs sind, Cathy und eine Französin namens Andrée gesellen sich auch kurz dazu. Eine nette Runde Pilger, wie ich sie so auf der Via Francigena noch nicht erlebt habe. Nelli und Jörg erscheinen im Ort, müssen sich jedoch erst eine Herberge suchen und bleiben nicht zum Apéritif. Meinen Hinweis auf die günstige Unterkunft des Klosters ignorieren sie. Als die Gruppe unter dem Wortführer Jean-Christophe in ein Restaurant zieht, setze ich mich ab und esse meine Pizza alleine. Mit Nelli und Jörg treffe ich mich im Anschluss kurz, während sie essen, bestelle ich einen Schlafenstrunk.

Zurück in meiner Klosterunterkunft bin ich die einzige Bewohnerin des Fünf-Bett-Zimmers geblieben und bin nicht traurig darum, dass Nelli und Jörg sich erneut ein Doppelzimmer zum Touristenpreis teilen.

Tag 39: Sutri – Campagno di Roma (26.5 km)

Unschöne Begegnung mit einem Schäfer-Hund und schöne Begegnung mit Anne

An diesem strahlenden Morgen breche ich nach einem Milchkaffee mit Maddalenas auf dem Dorfplatz um kurz nach 8 Uhr alleine auf. Meine Stimmung ist, sicher auch wetterbedingt, sonnig. Ich komme unterwegs am Amphitheater und einer Nekropole vorbei und schaue mir beide historischen Stätten interessiert an. Anfangs gehe ich entlang oder parallel zur Hauptstraße SS2, der neuen Via Cassia, später entlang einer Nebenstraße, immer noch auf Asphalt, doch nach rund einer Stunde verläuft die Via Francigena endlich auf einem Feldweg ohne Autoverkehr. Ich pilgere durch Plantagen mit Obstbäumen, unter langen Reihen von Zypressen, über steinige Feldwege, mit einem strahlend blauen Himmel über mir und sonnigem Gemüt.

An einem Picknicktisch vor der Zufahrt zu einem Golfclub mache ich Pause, fühle mich aber an dieser exponierten Stelle nicht wohl. Eine richtige Pause gönne ich mir erst im Ort Monterosi, wo ich ein schnuckeliges Café finde. Die Besitzerin drückt mir nicht nur den selbst entworfenen Pilgerstempel der Gemeinde auf den Pilgerpass, sondern fragt mich über meine Erfahrungen auf den Weg und berechnet sicher nicht mehr als die Hälfte der süßen Backwaren und des Milchkaffees, die sie mir bringt.

Wenige Meter weiter sitzt Anne alleine auf dem Dorfplatz. Ich kann ihr ansehen, dass es ihr nicht gut geht und spreche sie an. Jean-Baptiste ist am Morgen ins Krankenhaus eingeliefert worden. Er ist mit einer künstlichen Hüfte unterwegs und humpelte schmerzbedingt schon seit mehreren Tagen. Am Morgen ist es so schlimm geworden, dass er nicht mehr aus dem Bett gekommen ist. Die Ärzte haben ihm zu verstehen gegeben, dass eine Entzündung seine Pilgerschaft fürs erste beendet. Anne erklärt mir, dass sie als Paar losgezogen sind. Sie haben sich vor nicht allzu langer Zeit kennengelernt, führen eine Fernbeziehung und haben gedacht, mit dieser gemeinsamen Pilgerschaft die Beziehung zu vertiefen. Sie hat aber seit Siena von ihm Abstand gesucht, den er ihr nicht zustehen wollte. Für sie steht es nicht zur Diskussion, ihre Pilgerschaft wegen seinem Unglück ebenfalls beenden zu müssen, dies hingegen verzeiht er ihr nicht. Ich biete ihr an, sie an diesem Tag zu begleiten, doch ihr scheint die Idee, alleine zu pilgern, durchaus zuzusagen. Mir tut es trotz allem unendlich leid für Jean-Baptiste, so nah vor Rom und mit einer Papstaudienz in Aussicht, aufgeben zu müssen. Ich habe mich schon mit dem Gedanken angefreundet, am nächsten Morgen in der Pilgerherberge um sechs Uhr geweckt zu werden, aber für Jean-Baptiste ist das Glück für dieses mal ausgegangen. Anne kann trotz des Mitgefühls eine gewisse Erleichterung nicht verbergen.

Nach Monterosi beginnt ein weiteres Kapitel der Abenteuergeschichten der Via Francigena. Erst werden die Pilger auf einer Brücke über die stark und schnell befahrene SS2 geführt und müssen dann auf einem schmalen, spärlich abgetrennten Fußweg direkt neben ihr weitergehen. Als eine Markierung nach links von der Hauptstraße wegführt, überlege ich keine Minute und folge ihr, obwohl mein Pilgerbuch den Weg entlang der SS2 als kürzer angibt, wenn auch offensichtlich gefährlicher. Mir ist noch nicht klar, welch einen großen Bogen ich machen werde und dass mir mein Pilgerbuch die meiste Zeit keine Unterstützung sein wird. Ich betrete einen Park mit Fluss und Wasserfall, der in meinem Pilgerbuch keine Erwähnung findet, und machte entspannt Pause. Trotz der Schwierigkeiten und der Orientierungslosigkeit lasse ich mir die Stimmung nicht verderben. Das Wetter ist großartig und zeitlich bin ich gut vorangekommen.

Mein Pilgerbuch warnt mich vor einem gefährlichen Abschnitt, wenn ich wieder auf die SS2 stoße. Doch mein Weg bringt mich von der Rückseite Richtung Campagnano di Roma, die SS2 sehe ich an diesem Tag nicht mehr. Irgendwann trete ich aus einem Waldstück und sehe auf einem Hügel vor mir ein Dorf wie eine Festung, mit einem Kirchturm, der über all dem thront. Mein Handy bestätigt, dass es sich nur um Campagnano di Roma handeln kann. Vorher allerdings gilt es, eine frei herumlaufende Schaf- und Ziegenherde zu durchkreuzen, die von einem abgemagerten weißen Hirtenhund bewacht wird. Dem gefällt mein forscher Wanderschritt gar nicht. Knurrend schleicht er um mich herum und einige Minuten lang fürchte ich seine Zähne in meinen Waden oder schlimmeres. Aber ich kann ihn von meinem Pazifismus überzeugen und er lässt mich unversehrt passieren.

Ich erreiche nach einem letzten steilen Anstieg den Ortskern. Da ich von einer ganz anderen Seite als vorgesehen den Ort erreicht habe, finde ich den Weg zu der Pilgerherberge im Centro Parrocchiale erst nach einigen Versuchen. Dort sitzt Anne bereits auf einer Matratze, zwei weitere Französinnen, Mutter und Tochter, werden die Runde später vervollständigen. Meine beiden deutschen Pilgerfreunde werden sich ein Hotelzimmer leisten und ich sehe sie den ganzen Abend nicht.

Dafür verbringe ich einen wirklich interessanten Abend mit Anne. Sie ist als Multiple Sklerose Patientin unterwegs, eine Diagnose, die sie schon seit mehreren Jahren begleitet. Sie hat im Vorfeld ihre Medikamente, die gekühlt und unter ganz bestimmten Bedingungen gelagert werden müssen, an Kontaktadressen entlang des Weges geschickt und holt sie dort im Vorbeigehen ab. Sie ist als Lehrerin in den Genuss eines speziellen Programms in Frankreich gekommen, das ihr eine Frührente bereits ab dem 50. Lebensjahr zugesteht, wenn auch mit großen Abzügen. Ihre Krankheit ist unmittelbar danach diagnostiziert worden. Sie erzählt von dem Risiko, dass sie auch unterwegs mit einem unbeweglichen Bein aufwachen kann, dass sie manchmal einige Tage kaum etwas sehen kann, doch davon lässt sie ihre Lust an der Natur und ihren Willen zum Erleben nicht beeinflussen. Nach Dominique, dem Pilger mit Parkinson auf meinem Weg in Frankreich, zolle ich nun erneut meinen höchsten Respekt vor der Leistung dieser Pilgerin, die meine Anstrengungen im Vergleich lächerlich erscheinen lassen.

Tag 40: Campagnano di Roma – La Giustiniana (31 km)
Der nicht enden wollende Weg

Auch ohne Jean-Baptiste beginnt der Tag dank der beiden Französinnen früh. Bereits um sechs Uhr dreißig ist von unserer Schlafstätte nur noch meine Matratze auf dem Boden übrig. Auch dieser Tag beginnt im strahlenden Sonnenschein mit einem Milchkaffee und einem Maddalena im ersten Café am Weg.

Die Via Francigena verläuft an diesem Morgen über Asphalt, aber auf ruhigeren Seitenstraßen. Die Beschreibung meines Pilgerbuches ist erneut realitätsfern, dafür sind die Markierungen entlang des Weges zuverlässig. Kurz vor dem Parco die Veio hole ich die beiden Französinnen, Mutter und Tochter ein und pilgere bis zu meiner nächsten Pause eine kurze Zeit mit ihnen.

Der Weg auf der Schotterpiste durch den Park gefällt mir gut. Bäume spenden kühlen Schatten, die Vögel singen nur für mich. Mein Körper zeigt an diesem letzten Tag vor Rom enorme Ermüdungserscheinungen. Mir ist übel, ich habe Bauchschmerzen und leichtes Kopfweh. Ich lege mehr Pausen ein und motiviere mich damit, dass ich nur noch ein paar Kilometer durchhalten muss. Den hübschen Ort Fornello lasse ich ohne Pause hinter mir, nach Kaffee steht mir nicht der Sinn. Trotz meiner kleinen körperlichen Probleme und einer gewissen Orientierungslosigkeit komme ich zügig voran und muss mich fast dazu zwingen, mir bewusst vor Augen zu halten, dass es mein letzter voller Tag auf der Via Francigena ist.

Nach einem wunderbaren Abschnitt auf einem natürlichen und schmalen Weg durch Blumenwiesen, ruhig und abgelegen, stoße ich irgendwann wieder auf eine Asphaltstraße und überquere die SS2, die Via Cassia, die hier einer Autobahn gleicht. Nach vielen Biegungen und Wendungen und dem Gefühl, erneut orientierungslos umher zu irren, erreiche ich neben einigen Häusern eine Art Schuppen, überdacht aber offen, mit einer

Steckdose! Die Batterie meines Handys ist aufgrund der ständigen Überprüfung zur Orientierung ziemlich schwach geworden und ich kann mir den Anstand nicht erlauben, diese offen zugängliche Stromquelle nicht zu nutzen. Ich mache lange Pause in diesem Unterstand.

Kurz darauf sehe ich Rom dann zum ersten mal, wenn auch vor sehr weitem. Welch ein erhebendes Gefühl, diese Stadt wirklich morgen zu Fuß zu erreichen! Die Via Francigena setzt sich traumhaft schön fort, durch hohes Gras und über eine weitere gefährliche aussehende Furt, die ich auf großen glitschigen Steinen überwinden muss. Bevor ich den nächsten Ort, La Storta, erreiche, verabschiede ich mich dankbar und unter Tränen vom Wald, den Vögeln, den Blumen, sogar den Dornen, die mich am Ende des Weges zurückhalten möchten. Ich spüre nun bewusst, wie bald dieses Abenteuer beendet sein wird.

In einer Bar in La Storta trinke ich einen Kaffee, ein wenig in der Hoffnung, wenigstens einem meiner Pilgerfreunde noch einmal über den Weg zu laufen. Ich habe entschieden, meine letzte Nacht vor Rom auf einem Campingplatz zu verbringen, einerseits weil dieser laut meinem Pilgerbuch die letzte und somit naheste Übernachtungsmöglichkeit vor Rom ist, vor allem aber weil ich mir für meinen letzten Abend Ruhe und Besinnung auf meinen Weg wünsche, ohne die sonst so willkommene Ablenkung durch Unterhaltung. Ich treffe keinen meiner Pilgerfreunde und breche für die letzten Kilometer nach La Giustiniana entlang der Via Cassia auf. Eine unschöne Strecke, auf Asphalt, entlang einer viel befahrenen Hauptverkehrsstraße, oft, aber bei weitem nicht immer, auf Fußgängerwegen. Laut meinem Pilgerbuch soll mein Campingplatz hinter La Giustiniana und 500 Meter abseits der Via Francigena liegen. Ich erkenne die Stelle, wohin ich morgen zurück muss, um die letzten Kilometer bis Rom zu bewältigen. 500 Meter weiter steht lediglich ein

Schild, das Richtung Campingplatz verweist. Von dort habe ich schlussendlich gut zwei weitere Kilometer zu bewältigen, bis ich den Campingplatz endlich erreiche. Diese nicht nur 500 Meter sondern insgesamt 2.5 Kilometer muss ich natürlich morgen zurück, um die Via Francigena wieder zu erreichen und habe somit an Entfernung nach Rom nichts gewonnen. Mein Pilgerbuch möchte ich am liebsten zerfetzen.

Der Campingplatz ist zwar als Ferienressort ausgeschildert, stellt sich aber als angenehm ruhig und parkähnlich heraus. Meinen Zeltplatz darf ich mir unter unzähligen freien Plätzen selbst aussuchen und bleibe unter meinen Bäumen auf einem Grasplatz absolut ungestört. Zwar muss ich lange Zeit vor dem Toilettenhäuschen verbringen, da dort die einzige Möglichkeit besteht, die Batterie meines Handys an Strom anzuschließen, doch das schadet meine Ausgeglichenheit nicht. Ich höre den Vögeln zu und mit etwas Unbehagen dem Gewittergrummeln in der Ferne.

Ich lasse meinen Weg Revue passieren. Er ist vor allem anstrengend gewesen, weil so unberechenbar. Irgendwie hat doch an so gut wie jedem Tag eine Überraschung auf mich gewartet und oft genug eine Böse. Ich bin insgeheim froh, diesen Abend ohne Nelli und Jörg zu verbringen – und gleichzeitig entsetzt über dieses Empfindung. Ich erinnere mich, wie ich mit den beiden in Siena auf dem berühmten Platz gesessen habe und Nelli in die Runde fragte, wie sich das Ankommen an einer so wichtigen Etappe wohl alleine anfühle. Schon damals habe ich leise für mich gedacht: „Richtiger" und deshalb bin ich froh, Rom morgen alleine zu erreichen.

Die Sonne geht irgendwo hinter meinem Zelt unter. Ich sitze vor meinem Schneckenhaus an einen Baum gelehnt, umrundet von Moskitos und halbwegs gut eingesprüht. Ich höre den Vögeln zu, Hunden, Autotüren, einer Polizeisirene und bin mit mir und der Welt in Einklang, alleine, entspannt. Reflektierend habe ich es endlich geschafft, „meinen" Weg zu gehen, mich nicht beeinflussen zu lassen und nicht andere mitziehen zu wollen. Mein Weg! Auch wenn er oft nicht einfach war, weder über Tag, wenn ich mich mal wieder hilflos verloren fühlte noch abends alleine vor Pizza und Bier.

Die letzte Nacht vor Rom verbringe ich in wohliger Zufriedenheit und himmlisch natürlicher Ruhe.

Tag 41: La Giustiniana – Rom (13.7 km)
Ankommen

An meinem letzten Morgen vor Rom werde ich, wie nach meiner ersten Campingnacht am See von Bolsena, früh von den Vögeln geweckt und bin bereits um kurz nach 7 Uhr unterwegs. Der Weg bis nach Rom wird ausschließlich entlang einer viel befahrenen Hauptverkehrsstraße verlaufen, die bis zum Vatikan führt. Ich denke, die Tatsache, dass ich so früh unterwegs bin und es ein Samstag Morgen ist, ich somit nicht dem reguläre Berufsverkehr unter der Woche begegne, macht es einfacher als die Warnung meines Pilgerbuchs erwarten lässt. Spaß macht das Pilgern gegen den Autoverkehr auf einem schmalen Streifen entlang der Fahrspur trotzdem nicht!

Nach rund zwei Stunden zeigt der Via Francigena Pfeil in einen Park und dankbar verlasse ich die stinkende Hauptstraße. Von diesem Park, oberhalb der Stadt, habe ich den ersten wirklichen Blick über das Ziel meiner Pilgerschaft. Klar erkenne ich den Petersdom, andere historische Gebäude stechen mir ins Auge. Ein unbeschreibliches Glück überkommt mich. Die letzten Kilometer entlang der Hauptstraße scheine ich zu fliegen.

Doch die Ankunft wird ganz anders als erwartet. Der Petersplatz ist weiträumig abgesperrt, ich höre, dass der französische Präsident auf Staatsbesuch beim Papst ist und Besucher erst ab 15 Uhr wieder auf den Petersplatz dürfen. Das heißt rund fünf Stunden Wartezeit, die ich mich entschließe, mit dem Besuch der Museen zu verbringen. Während ich mich in der scheinbar endlosen Warteschlange einreihe, laufen Nelli und Jörg an mir vorbei. Natürlich möchte ich sie nicht unerkannt ziehen lassen und lade sie in die Warteschlange ein. So kommen wir doch irgendwie zusammen in Rom an. Gemeinsam marschieren wir durch die Museen und sehen uns natürlich auch die Sixtinische Kapelle an.

Anschließend gehen wir zu dritt zum Petersplatz, schießen gegenseitige Erinnerungsfotos und trauen uns sogar, uns mit einem Bier mitten auf dem Platz niederzulassen. Das wird allerdings sehr schnell von einem Polizisten unterbunden.

Ich suche am frühen Abend mein Hostal nur wenige Minuten vom Vatikan entfernt, in dem ich mir ein Drei-Bett-Zimmer mit einem jungen finnischen Pärchen teile, die die Nacht eng umschlungen und in absoluter Dunkelheit im gleichen Bett verbringen werden. Ich gehe noch einmal zurück zum Petersplatz und betrete den Petersdom, zum ersten mal und nun doch alleine. Das Symbol der Schlüssel in der Eingangspforte überschreite ich tief bewegt, auch wenn mir das Innere des Doms zu pompös und touristisch überladen ist.

Als ich nach dem Abendessen noch einmal am Petersdom vorbei gehe und ihn im rötlichen Licht des Sonnenuntergangs fast ohne Menschen auf seinem Vorplatz majestätisch und wie eine Festung stehen sehe, fühle ich mich endlich Angekommen.

Tag 42 und 43: Rom
Pilgertradition bis zum Ende

Ich verbringe zwei Nächte und zwei Tage in dieser großartigen Stadt, die mir allerdings als regulärer Tourist wesentlich besser gefallen hat als mit Pilgerbudget und in Pilgerstimmung. Für meine zweite Nacht habe ich das Hostal gewechselt und statt mit einem finnischen Paar teile ich meinen Schlafsaal nun mit vier jungen Menschen, darunter ein asiatisches Paar, das weder die Steckdosen teilen möchte noch die Nachtruhe einhält.

In Rom folge ich soweit es mir möglich ist der Pilgertradition laut meinem Pilgerbuch, die darin bestehe, sich die sieben Pilgerkirchen anzusehen. Ich laufe diese zwar nicht zu Fuß ab, sehe sie aber alle. Im Petersdom bin ich am nächsten Morgen noch einmal, steige bis zur Kuppel hoch und staune über die atemberaubenden Ausblicke an einem strahlend sonnigen Junimorgen von dort oben über die ganze Stadt. Ich steige hinab in die Krypta zum Grab des Apostels Petrus und bin von meinen Emotionen überwältigt. Passend dazu am Mittag die Sonntagsrede des Paptes, für die sich auf dem Petersplatz Tausende Menschen versammelt haben, darunter ich. Ein bewegendes Erlebnis, obwohl ich wenig von seiner Rede verstehe und die Institution Kirche und Papst nicht anerkenne oder gutheiße. Von den anderen sieben Kirchen bleibt mir nur San Paolo fuori le Mura für seine Weitläufigkeit in Erinnerung, nicht für das Grab des Apostels Paulus, das keine Emotionen in mir auslösen kann. San Sebastiano fuori le Mura mit den Katakomben ist alleine für die unterirdische Führung einen Besuch wert. Auf dem Rückweg finde ich mehr zufällig als beabsichtigt noch die Kirche „Quo vadis", in der in einem Stein angeblich Jesus Fußabdrücke abgezeichnet sind. Mein Bedarf an und meine Geduld für unglaubliche Reliquien sind schnell gedeckt.

Nelli und Jörg treffe ich an meinem letzten Abend zum Abendessen und bin überrascht und sprachlos, als sie mir als Abschiedsgeschenk eine Kette mit einem großartigen und unglaublich passenden Anhänger überreichen.

16., 17. und 18. August 2013: Orsières – Bourg-Saint-Pierre – Großer Sankt Bernard Pass – St-Oyen
Wiedersehen

Trotz meiner persönlichen Schwierigkeiten im Umgang mit Nelli und Jörg während unserem Weg können wir den freundschaftlichen Kontakt auch über den Weg hinaus halten. Im Hochsommer 2013, gut zwei Monate nach dem gemeinsamen Eintreffen in Rom, treffen wir uns, wie einmal versprochen, in der Schweiz wieder. Gemeinsam pilgern wir in zwei langen Tagesmärschen das letzte Teilstück von Orsières hoch zum Großen Sankt-Bernard-Pass und von dort auf der italienischen Seite wieder absteigend nach St-Oyen; die Strecke, die mir für die vollständige Absolvierung der Via Francigena von Lausanne nach Rom noch gefehlt hat. Es ist ein großartiges Wochenende, das alle Zweifel bezüglich dieser außergewöhnlichen Freundschaften auslöscht.

Im Hospiz auf dem Großen Sankt Bernard Pass treffe ich außerdem den Rotschopf Pascal wieder, meinen Pilgerfreund, der die Via Francigena ab Ivrea für mehrere Tage mit mir geteilt hat und ganzjährig im Hospiz arbeitet. Auch dies ein ungewöhnliches und intensives Wiedersehen.